赤旗編集局―編

戦争の真実

証言が示す改憲勢力の歴史偽造

新日本出版社

まえがき

自衛隊による海外での無制限な武力行使につながる憲法9条改悪の動きが、安倍晋三首相と自民党によって、「改憲必要なし」の国民多数の世論に逆らいすすめられています。首相は、1955年の「保守合同」による自民党結成をもちだして、「なぜ合同したか。占領時代につくられた憲法をはじめ、さまざまな仕組みを安定した政治基盤の中で変えていくということだ」（2018年の自民党仕事始めでのあいさつ）とのべました。3月の党大会では「結党以来の課題」「自民党の責務」と改憲への強い意欲を示しました。

安倍首相が改憲に執着する動機が首相の歴史認識と分かちがたく結びついていることの一端が、この発言から見えてきます。本書は、改憲勢力が依拠する戦争観と歴史認識の根本的な誤り、歴史の偽造を当事者の証言によって明らかにしました。

73年前までの戦前の日本はどうだったでしょうか。

それは日清戦争（1894～95年）以来、日露戦争（1904～05）、韓国併合（1910）、「満州事変」（1931）、日中全面戦争（1937）、そしてアジア・太平洋戦争の開始と敗戦（1941～45）に至るまでの51年間、アジア諸民族の上に立つ支配者となるためにくりかえした侵略戦争と植民地支配の歴史でした。戦争動員のために国民の自由と基本的人権が根こそぎ奪われ、侵略戦争反対の声も、検閲で消され、特高警察などによって弾圧・投獄されました。

そして戦争末期には、日本の戦争指導部が敗戦必至の状況をわかっていながら、戦争継続を断念しなかったために、東京をはじめ都市への米軍の大空襲、地上戦になった沖縄戦、広島・長崎への原爆投下、ソ連軍の「満州」侵攻による悲劇などが引き起こされました。本書では日本人が直面したこうした被害もとりあげました。

日本は反ファッショ連合国によるポツダム宣言を受諾し、敗戦をむかえました。「世界征服の誤りを犯させた権力と勢力を永久に除去」（同宣言）することを約束し、平和国家になることを決意して国際社会に復帰できました。憲法前文には、「政府の行為によつて再び戦争の惨禍が起ることのないやうにすることを決意し、ここに主権が国民に存することを宣言し、この憲法を確定する」とあります。これが戦後の出発にあたっての心からの国民の決意でした。

この国民主権と恒久平和主義の日本への歴史的転換が、戦後70年余にわたって、戦争のない日本を支えてきました。戦争放棄・戦力不保持の憲法9条こそ、その最大の保障でした。それは、過半数が9条改定は「必要ない」と答えた最近の日本世論調査会の調査にも示されています。

安倍首相のいう「占領時代につくられた憲法をはじめ、さまざまな仕組み」を「変えていく」という発言は、戦後日本の出発点を否定する「戦前回帰」への表明であり、首相がいう「理想」の「国の姿」を示しています。そのことは、A級戦犯容疑者だった祖父・岸信介元首相が望んでいた「憲法の改正」が経済力回復の後回しにされたという悔しさをにじませた著書『新しい国へ』（2013年、文春新書）などにもよく示されています。

安倍首相の持論である「戦後レジーム（体制）からの脱却」は、戦前の明治憲法下での天皇中心の絶対主義的専制政治の肯定・復活にもつながります。「明治150年」の名を借りた薩長の藩閥による明治政府発足の美化、欧米列強進出の「国難」にたいし日本軍国主義の国家体制づくりが先駆的だった、というキャンペーンにもその狙いが見られます。

本書は、赤旗編集局編『語り継ぐ　日本の侵略と植民地支配』（2016年3月発行）の姉妹編です。前著は幸い好評を得て、韓国の建国大学校KU中国研究院の海外名著翻訳叢書《そうしょ》の第1弾として同国でも出版されました。本書はその後の取材により、2016～17年に「しんぶん赤旗」日刊紙・日曜版に掲載された記事がもとになっています。前著にはない対象を広範に取材しており、新たな編著となっています。

執筆を担った赤旗記者は、戦後の民主政治、それを支えた憲法9条の大切さを取材の中で痛感し、戦前の日本の侵略戦争と植民地支配の歴史を事実で明らかにしたいと、アジア各地や国内の現場にいき、体験者の証言をじかに取材することにこだわってきました。

韓国、中国、東南アジアなど各地の女性を多数連行し「慰安所」に強制的に閉じ込め性奴隷にした日本軍「慰安婦」問題をはじめ、高齢になった被害の当事者に会って話を聞くことは、つらく、悲しいことでした。しかし、真実を明らかにすることによってはじめて日本の侵略行為への反省と謝罪への道が開かれるとの思いで、取材にあたってきました。

本書は、Ⅲ部からなっています。

Ⅰ部の「日本のアジア侵略と植民地支配の蛮行を見る」では、この間、極右改憲団体「日本会議」などがその事実の否定、矮小《わいしょう》化に躍起になってきた南京大虐殺事件、日本軍「慰安婦」問題、生体解剖をおこなった陸軍の７３１部隊の残虐さの真相を明らかにする証言を掲載しました。今も残る中国侵略の傷痕に迫るために、侵略初期の平頂山《へいちょうざん》事件（１９３２年）での住民虐殺、盧溝橋《ろこうきょう》事件（１９３７年）を発端とした日中全面戦争への拡大、中国の都市・重慶爆撃や、遺棄された毒ガス兵器によって今も起きている中国での住民被害などを扱い、また、東南アジア、南方の島々での日本軍の戦争跡をたどるルポも掲載しました。南京事件をめぐっては日中市民による交流もおこなわれています。関東大震災（１９２３年）時に引き起こされた朝鮮人虐殺、戦時中の日本での中国人強制労働の実態と、戦後補償の問題も掲載しました。

Ⅱ部は「加害と被害の歴史を見つめて」というテーマで、住民を巻き込み地上戦がおこなわれた沖縄戦、ヒロシマ・ナガサキでの原爆投下と国連での核兵器禁止条約採択に結実した被爆者の長年の活動、「満蒙開拓団」とシベリア抑留の理不尽さ、謀略を担った陸軍登戸《のぼりと》研究所と科学技術者の戦争責任、少年兵動員と予科練の実相などからなっています。

Ⅲ部は、「党に生き、平和に生き」で、５人の日本共産党員の体験談です。少なくない戦争体験者が、戦後、日本共産党があの侵略戦争と植民地支配に反対した唯一の政党だったことに目を開かれ、戦争のない平和な世の中をつくろうと入党し、いまもその活動をつづけています。党の反戦平和の活動の原点を知り、党を丸ごと理解してもらうための一助となります。

本書の章立ては、関心にあわせて、どこからでも読んでいただける構成になっています。

執筆者を代表して　山沢　猛

戦争の真実——証言が示す改憲勢力の歴史偽造＊目　次

II部　加害と被害の歴史を見つめて　105

I部　日本のアジア侵略と植民地支配の蛮行を見る

一　南京大虐殺80年

（1）南京大虐殺から80年——陣中日記、蛮行の記録

１９３７年7月、中国・北京郊外で起きた盧溝橋事件をきっかけに、日本軍は中国との全面戦争を始めました。8月には上海で大規模な戦闘に発展（第2次上海事変）。日本軍は兵力を増派し、上海から首都・南京に急進撃し、12月13日に南京を占領しました。日本軍は南京への追撃戦や、陥落後の掃討戦で、中国軍捕虜や非戦闘員を組織的に殺害し、住民から食糧を略奪しました。民家への放火、女性への性暴力も多発しました。

２０１７年12月で、日本軍の残虐性を象徴する南京大虐殺（１９３７年）から80年。自民党議員の一部や侵略戦争を肯定・美化する勢力はいまだに「虐殺はなかった」などと攻撃していますす。しかし兵士たちが残した陣中日記には、まぎれもない事実として虐殺が記録されています。安倍晋三政権が改憲をねらうなか、侵略の実態を考えてみました。

1　「二日間にて二万人近く銃殺す」

1937年12月の南京大虐殺。日本軍は大虐殺の前、上海から南京への道程でも非戦闘員を殺害していました。下級将校や兵士が個人的に記録した陣中日記には、上海付近に上陸した直後からの日本軍の蛮行が生々しくつづられています。

陣中日記は、南京大虐殺の調査を続ける小野賢二さん（68）が二十数年かけ、元兵士や遺族から31冊を譲り受けたものです。

【37年10月6日】

「目的地にて捕慮〔ママ、虜〕十余人銃殺さる」（斎藤次郎さん＝歩兵第65連隊）

「支那人女子供のとりこ（捕虜）あり、銃殺す」（堀越文男さん＝歩兵第65連隊、次ページ資料①）

【10月11日】

「便衣隊（※）一人捕わる、又首切らるるが哀れと思う気持だんだんなくなる」（目黒福治さん＝山砲兵第19連隊）

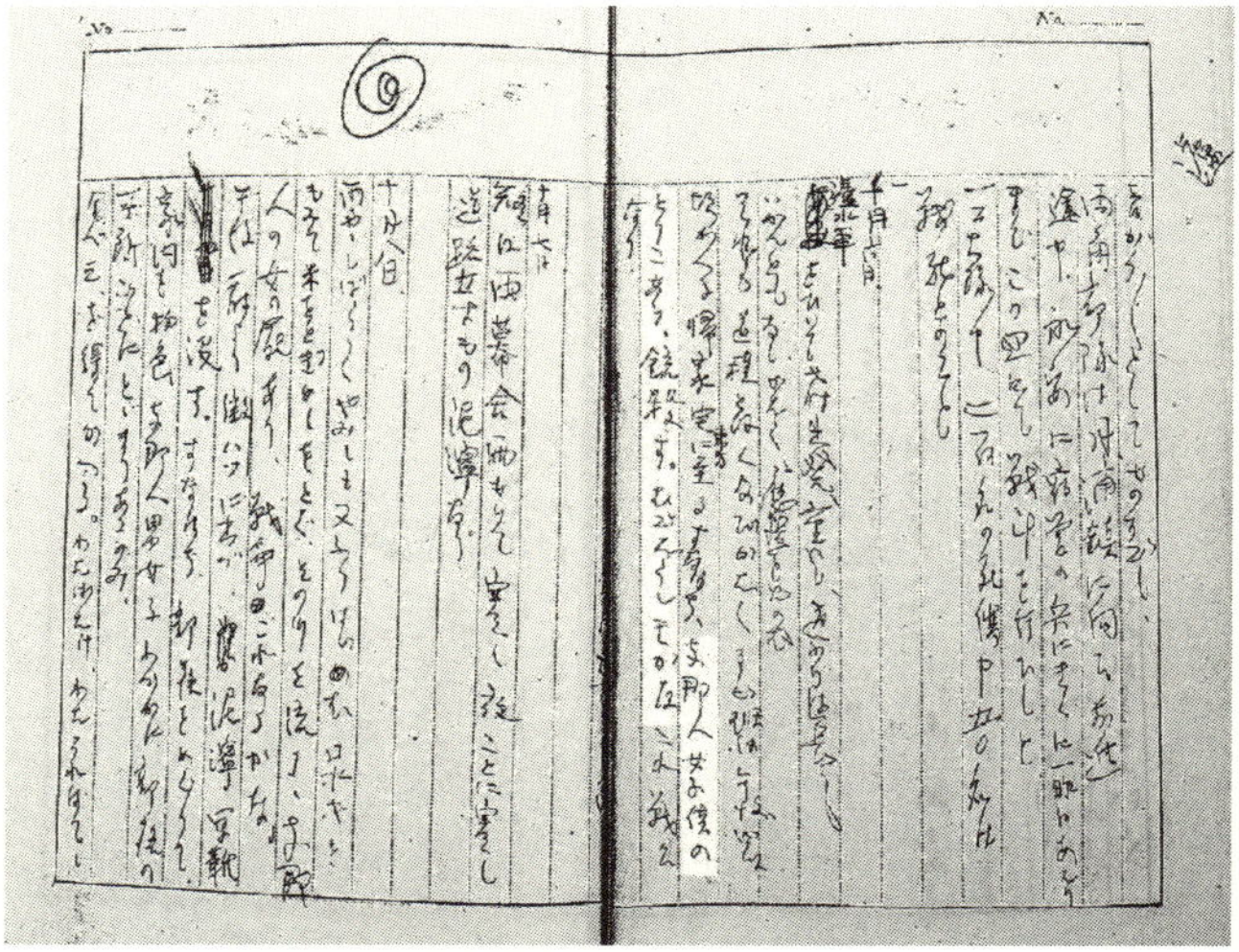

資料①堀越文男さんの陣中日記（複写）

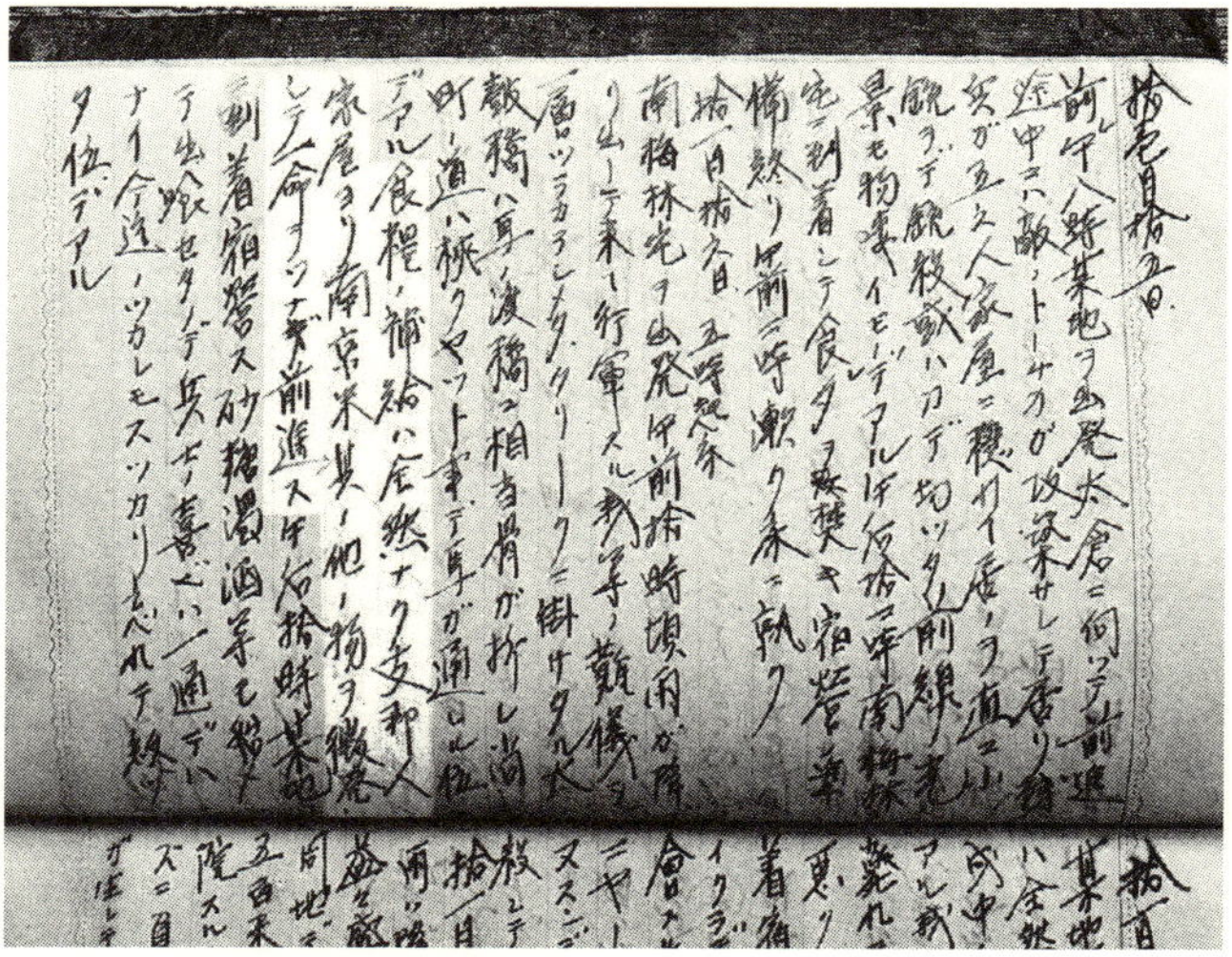

資料②黒須忠信さんの陣中日記

※便衣兵＝私服のスパイ・ゲリラ、兵士。日本軍は多くの民間人を便衣兵と見なして殺害した。

【11月22日】
「上海より南京に通ずる道路に出る……支那兵の戦死体が散在して居る……。民家は大部分焼払われて見る影もない」（斎藤さん）

12月13日に南京が陥落。捕虜の大量虐殺については……。

【12月16日】
「捕虜総数一万七千二十五名、夕刻より軍命令により捕虜の三分の一を江岸（揚子江岸）に引出し1（第1大隊）に於て射殺す」（遠藤高明さん＝歩兵第65連隊）

【12月17日＝南京入城式の日】
「午後五時敵兵約一万三千名を銃殺の使役に行く、二日間にて山田部隊二万人近く銃殺す」（目黒さん）

【12月19日】
「昨日銃殺せる敵死体一万数千名を揚子江に捨てる」（同）

虐殺だけではありません。現地での食糧などの「徴発」は軍の命令であり、兵士は欠乏する物資を補うため、現地住民からの略奪を重ねました。

死体を引っ掛けて沖へ流す作業をする工兵隊（撮影：村瀬守保氏、日本中国友好協会提供）

【11月16日】
「食糧の補給は全然なく支那人家屋より南京米其の他の物を徴発して一命をつなぎ前進す」（黒須忠信さん＝山砲兵第19連隊、16ページ資料②）
【11月17日】
「聯隊命令にて出来得る限り徴発すべし、鶏豚米麦等多数の徴発を行う」（目黒さん）
【11月19日】
「兵馬の糧秣《りようまつ》を徴発する事が先決問題」（斎藤さん）

日本軍は補給が乏しく、兵士は現地で略奪をしても十分な食糧の入手は困難でした。小野さんは「南方戦線同様、中国戦線でも多くの兵士が栄養失調だった」と話します。

陣中日記では、兵士の心のなかも垣間見えてきます。福島県で農業を営んでいた前出の斎藤さんは「農家も稲刈に忙しい事だろう」（37年10月17日）と書くなど、故郷の秋祭りや稲刈り、麦まきについて時折記しています。

故郷への思いと「銃殺」「徴発」といった非人間的行為が併記されていることについて、小野さんは「戦場が日常生活の延長線上にあったからだろう」と推察します。「兵士は上海に上陸してから残虐になったのではない。明治以降、天皇に忠義を尽くすという価値観が日常的につくられた結果ではないか」

（注）陣中日記は『南京大虐殺を記録した皇軍兵士たち』（1996年、大月書店）から引用。元兵士は仮名。現代かな遣いに直しました。

2「南京大虐殺」とは――日本軍による組織的犯罪

■世界に報道され、東京裁判で断罪

虐殺について、日本では厳重な報道管制がしかれたため、国民に事実が知らされませんでした。欧米では、当時南京にいた外国人記者らによって報道されました。

米国のスティール記者は、米艦船で南京を離れるときに目撃した情景を次のように記しています。「河岸近くの城壁を背にして三〇〇人の中国人の一群を整然と処刑している光景であった。そこにはすでに膝がうずまるほど死体が積まれていた」（「シカゴ・デイリー・ニューズ」37年12月15日、『南京事件資料集』1992年、青木書店）

南京大虐殺は世界に報道され、国際世論から厳しい批判を受けました。その結果、東京裁判（極東国際軍事裁判）では戦時国際法や人道法に反する残虐事件として裁かれました。それだけ国

際社会に知られ、立証できる膨大な証拠資料がそろっていたのです。

同裁判の判決書には「南京とその周辺で殺害された一般人と捕虜の総数は、20万以上であった」と記されました。

■日中共同研究で「虐殺発生」と結論

外務省は「日本軍の南京入城（1937年）後、非戦闘員の殺害や略奪行為等があったことは否定できない」（同省ホームページ「歴史問題Q＆A」）と公式に認めています。

安倍首相は第1次安倍政権時、自ら中国側に「日中歴史共同研究」を提起し、日中の有識者各10人を構成員とする委員会を立ち上げました（2006年開始。日本側座長は北岡伸一・東京大学教授〈当時〉）。

共同研究の報告書（10年公表）は「日本軍による捕虜、敗残兵、便衣兵、及び一部の市民に対して集団的、個別的な虐殺事件が発生し、強姦《ごうかん》、略奪や放火も頻発した」と結論づけました。犠牲者数についても「日本側の研究では20万人を上限として、4万人、2万人など様々な推計がなされている」との見解を示しています。

3　歴史教科書を書き換え――2014年、安倍政権が検定基準改悪

自民党は歴史教科書から日本の侵略と加害の記述を削除・修正させるため、さまざまな教科書

攻撃をおこなってきました。安倍首相は、この運動を担った「日本の前途と歴史教育を考える若手議員の会」（教科書議連）の結成（１９９７年）に参加し、事務局長に就きます。

安倍政権は２０１４年、政府の主張を教科書に書き込ませるため、文部科学省による教科書検定基準の改悪をおこないました。

その後の教科書検定では、南京虐殺の犠牲者数の記述に対し「通説的な見解がないことが明示されていない」と検定意見がつき、ある教科書は犠牲者数「20万人」を「おびただしい数」に修正。別の教科書は「人数は定まっていない」などと加筆しました。

南京大虐殺を否定する人たちは、数が確定できないことを悪用し、虐殺そのものがなかったかのようにすり替えています。

（２０１７年12月10日付日曜版　本吉真希）

（2）中国南京市で日中市民が交流

■犠牲者「恨み述べるためでない」

１９３７年の南京大虐殺から80年となった２０１７年12月13日、中国江蘇《こうそ》省南京市の南京民間抗日戦争博物館で日中市民による交流集会が開かれ、交流を深め、再び戦争を起こさない共同の努力を続ける大切さが語り合われました。中国側から犠牲者遺族ら南京市民７人、日本側は、日中友好協会愛知県連合会、アジア太平洋・平和文化フォーラムなど４団体の協力で企画された「平和と友好の旅」の27人が参加しました。

倪文霞《げいぶんか》さんは父・倪伝仁さん（80）とともに参加。祖母が南京大虐殺で日本兵に夫と息子を殺され、幼い娘と赤子の伝仁さんを抱えて、困窮した苦労を語りました。「ここに集まったのは恨みを述べるためではない。歴史を覚え、戦争が無いように努力するためです。昔、苦労した父も今は戦争もなく生活は安定している。戦争はいらない。世界平和を願います」

■日本側「一人でも多く手を携えたい」

日本側の団長である家田修さんは「私たちは、戦争体験者は少ないが、お話を伺って実感として伝わりました。日本人としておわびしたい」と声を詰まらせて謝罪。「皆さんに日本に来ていただき、私たちももっと多くの仲間を連れて中国に来て、分かり合い、知り合いたい」と語りました。

日本の参加者からは過去の加害の歴史を反省する発言が相次ぎ、「理解することが日中友好につながる」との声が上がりました。

南京民間抗日戦争博物館で交流する日中市民＝17年12月13日、中国江蘇省南京市（釘丸晶撮影）

広島の女性は、中国の東北地方に出征した父について語り、「父の加害の歴史を引きずる私ですが、皆さんの体験をお聞きし、一人でも多くの方と手を携え、平和につなげていきたい」と訴えました。

南京民間抗日戦争博物館の呉先斌《ごせんひん》館長は、「両国の間には誤解もある。だからこそ私たちの交流は重要で交流を通じて自分の家族や周りの人に正しくお互いのことを伝えていくことが大切だ」と述べました。

（2017年12月15日付　南京＝釘丸　晶）

二 「私は性奴隷にされた」——日本軍「慰安婦」問題の真実

(1) 私たちの苦しみ聞いて——韓国元「慰安婦」が証言

「私たちの苦しみ、痛みを聞いて、考えてほしい」——。韓国の日本軍「慰安婦」被害者らが来日し、性奴隷とされた体験を証言しました。「慰安婦」問題をめぐる日韓両政府の合意から1カ月。被害者の思いは——。

■首相は性奴隷の事実を認めよ

来日したのはソウル近郊の「ナヌム（分かち合い）の家」に暮らす李玉善《イオクソン》さん（88）と姜日出《カンインチユル》さん（87）。東京と大阪で開かれた記者会見や集会に出席しました。（2016年1月26～31日）

2人はともに数えで16歳のとき、日本の植民地支配下にあった朝鮮から「満州」（中国東北部）に連行されました。

「『慰安婦』は兵士にモノとして投げ与えられた」と語る李さん。日本軍の慰安所で1日に40～

記者会見で、刀の傷が残る右手をかざして被害を訴える李玉善さん（右端）、姜日出さん（その左）、「ナヌムの家」の安信権所長（左端）＝16年１月26日、国会内

50人の相手を強いられた日もあり、抵抗すると暴力を振るわれました。右手を見せながら「ここに刀で刺された傷がある。足にもある。慰安所は〝死刑場〟のようだった」と話します。

当時、日本軍は李さんらの目の前で、性行為を拒んだ14歳の少女を殺しました。「私たちは涙を隠し、耐えるしかなかった」と李さん。道端に捨てられた少女の遺体は野良犬に食べられ、遺骨も残らなかったといいます。

姜さんは「『慰安婦』は人間扱いされなかった。泣けばたたかれ、頭に傷が残るほどの暴力を振るわれた」と帽子を脱ぎ、何度も傷痕を指さしました。「安倍（晋三）首相は私たちの前に来て、私たちの被害を明確に認めてほしい。私たちの前に来て、正しく謝罪するべきだ」と訴えました。

■問題の本質否定

安倍政権は今回の合意で「軍の関与」を認め

ました。しかし安倍首相は、その後の国会で「性奴隷といった事実はない」と答弁（1月18日、参院予算委員会）。女性たちが軍慰安所において、性奴隷状態に置かれたという「慰安婦」問題の本質を否定しています。

李さんは「慰安所はあまりにつらく、拒めば殴られ、殺された人もいる。自ら命を絶った娘もたくさんいる。それをうそだといわれることが、どれほど悔しくて腹が立つか」と怒りの涙を見せました。

2人に同行したナヌムの家の安信権《アンシングオン》所長は「被害者個人の人権と請求権の問題にもかかわらず、政府間で勝手に合意したことをハルモニ（おばあさん）たちは大変残念に思っている」と語り、こういいました。

「被害者たちが具体的に体験を語るのは、戦時下の性暴力が二度と起こらないようにするためです。だから『軍の関与』という漠然としたものでなく、日本軍が慰安所を設置して管理、統制し、女性たちに性行為を強要したという、人権を蹂躙《じゅうりん》した問題であることを日本政府が公式に認め、謝罪してほしい。それがハルモニたちの願いです」

■合意に基づく真の解決を——笠井、紙両議員が被害者と懇談

姜日出さんと李玉善さん、「ナヌムの家」の安信権所長は、日本共産党の笠井亮衆院議員、紙智子参院議員と国会内で懇談しました。（1月26日）

姜さんらは、ナヌムの家をこれまでに3度訪問している笠井議員との再会を喜びました。笠井

議員は、被害者や支援者らのたたかいが、今回の合意で安倍政権に「おわびと反省」「責任を痛感している」といわせたと敬意を表しました。

その上で、合意後も自民党議員による暴言や、これを放置する政府、合意が履行されてもいないのに「終止符を打った」（同22日、衆参両院本会議での施政方針演説）などとする安倍首相の言動を批判。「合意に基づき、加害と被害の事実を具体的に認め、それを反省し謝罪することが重要だ。安倍政権をこの立場に立たせるよう一層努力していきたい」と語りました。

また「被害者の名誉と尊厳が回復され、心の傷が癒やされてこそ真の解決になる」とし、安倍首相が直接出向いて謝罪し、納得を得ることが大事だと語ると、姜さんは「まさにそれが私が望んでいることです」と応じました。

（２０１６年2月7日付日曜版　本吉真希）

(2) アジア広域に日本軍「慰安所」

「日本政府に正式な謝罪と賠償、正義と真実の究明を求めます」――。日本軍「慰安婦」被害者たちがアジア4カ国から来日し、東京と大阪で証言しました(2016年11月2~9日)。すべての被害女性の人間としての名誉と尊厳を回復してこそ真の解決です。いま何が問われているのでしょうか。

1 真実の究明、正義の回復を

日本政府は1993年、河野洋平《こうのようへい》官房長官談話を発表し「旧日本軍の関与と強制」を認め「お詫びと反省」を表明しました。談話は「本人たちの意思に反して集められ……慰安所での生活は強制的な状況で痛ましいものだった」と初めて強制使役を認めました。

被害女性が名乗り出てから2年後でした。

政府は河野談話を受け「女性のためのアジア平和国民基金」(95~2007年)を設立(対象は韓国、台湾、フィリピン、オランダ、インドネシアのみ)。被害者への「償い金」は民間の募金を原資にしました。

この対応に「国家責任があいまい」だと、受けとりを拒否する被害者が多数出ました。基金発足から20年。日本政府は昨年（15年）末の「日韓合意」（※）で改めて「軍の関与」を認め「責任を痛感している」と表明しました。他方、被害者のなかからは「どうして政府だけで合意できるのか」との激しい反発の声も出ています。

安倍晋三首相は国会で「合意によって戦争犯罪に当たる類いのものを認めたわけではない」と答弁（1月18日、参院予算委員会）。菅義偉《すがよしひで》官房長官は合意に基づき韓国側が設置した「和解・癒やし財団」への10億円の支出が完了すれば、「合意に基づく日本側の責務を果たしたことになる」とのべました。（8月31日、記者会見）

政府は「責任を痛感」といいながら「慰安婦」問題の本質＝女性たちが軍慰安所で性奴隷状態におかれたという重大な人権問題に向き合おうとしません。

政府は国連女性差別撤廃委員会への提出文書（1月29日付）で、アジア女性基金の対象外の国の被害者に補償する「意思はない」と回答しました。

同委員会は日本政府への最終所見（3月7日）で「（韓国以外の）被害者に国際人権法上の責務を果たしていない」と遺憾を表明。さらに①日韓合意の実施にあたり被害者の見解を十分考慮し、真実・正義・被害回復への権利を保障②教科書記載③公職者が責任を薄めるような発言をやめる――など強く要請しました。

被害者らは真の解決のため、日本政府に「犯罪事実と責任の認定」、これに基づく「翻すことのできない謝罪、賠償、真相究明、歴史教育」などを求めています。（14年「日本政府への提言」）

フィリピン
エステリータ・バスバーニョ・ディさん(85)

東ティモール
イネス・マガリャンイス・ゴンサルベスさん
(年齢不明)

韓国
李容洙《イヨンス》さん(87)

インドネシア
チンダ・レンゲさん(84)

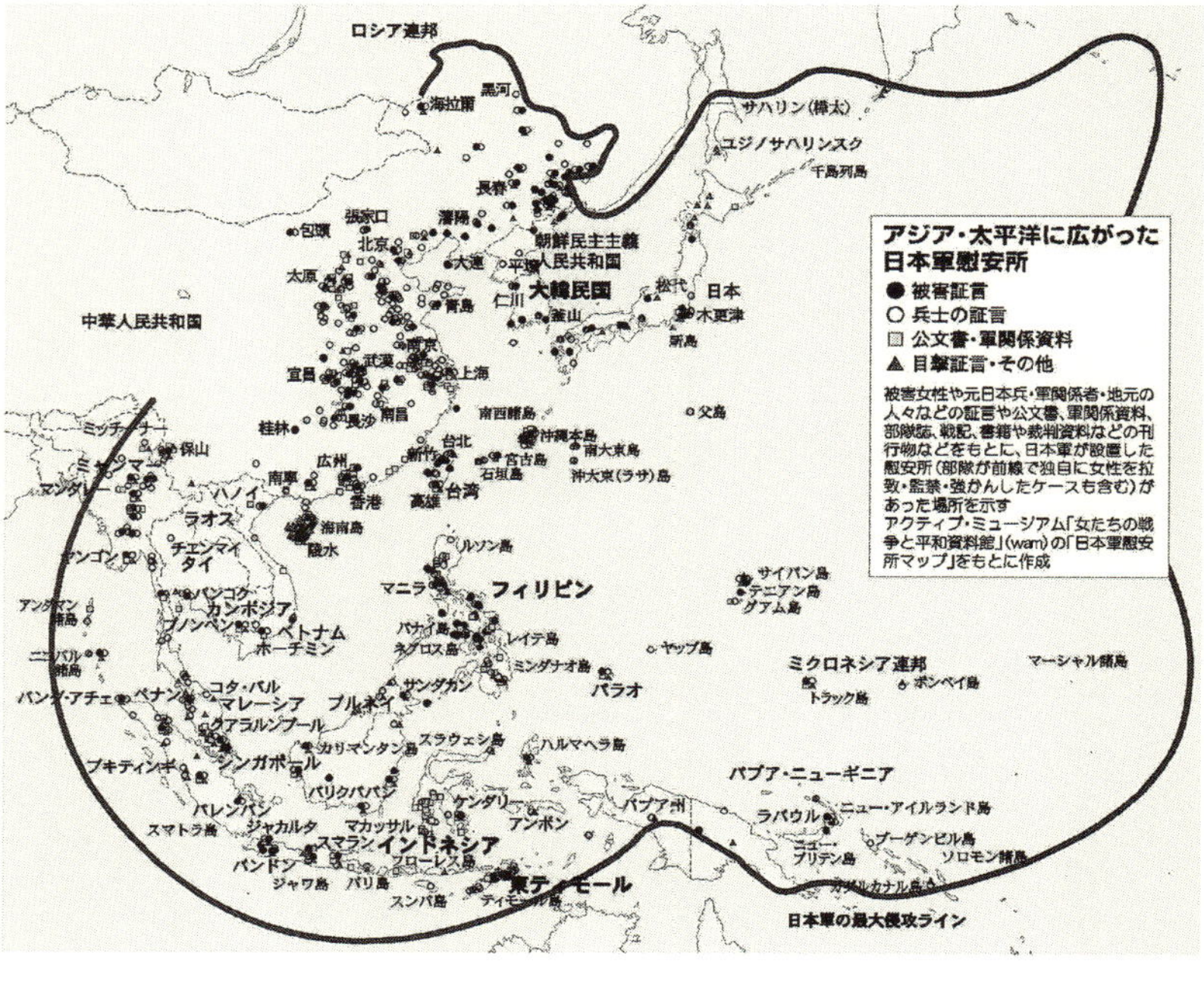

■被害女性が国会要請

国会議員に直接、声を届けたい――。被害女性たちは国会要請で、性奴隷の実態や、戦後も差別と偏見で社会生活そのものを奪われた苦しみを語りました（11月7日、国会内）。日本共産党の清水忠史衆院議員（当時）は「全面的な解決のため、政府に公式の謝罪と賠償、侵略戦争と植民地支配を正しく伝える歴史教育の推進を迫りたい」と話しました。

※「日韓合意」日本側の履行内容（骨子）＝①軍の関与の下に、多数の女性の名誉と尊厳を深く傷つけた。日本政府は責任を痛感。安倍首相は心からおわびと反省の気持ちを表明。②日本の予算で、すべての元慰安婦の方々の心の傷を癒やす措置を講じる。③この発表で、この問題の最終的・不可逆的な解決を確認。

2　4カ国「慰安婦」被害者の証言から

■軍刀で「首を落とす」と／チンダ・レンゲさん（84）＝インドネシア

私の母は、日本兵が警備していた綿繰り工場で、無給で働かされていました。母が病気で働けなくなると、日本兵が家に来て13歳の私を引っ張っていき、住み込みで働かされました。

あるとき日本兵3人は私を「オケダ」と呼んでいた軍人の宿舎に連れて行きました。服を脱ぐのを拒否した私に、兵士は「首を落とすぞ」と軍刀で脅しました。私はオケダに強かんされました。兵舎では私を連れて来た3人の兵士に輪かんされました。私はまだ初潮も迎えていませんでした。

私が寝泊まりさせられた建物には三つの部屋があり、一つの部屋に30人くらいの女の子が詰め込まれていました。高い鉄条網の塀に囲まれ、逃げようとした15歳くらいの子は銃で撃たれ、殺されました。

オケダや日本兵は抵抗する女の子がいると、隣接する綿繰り工場から母親を呼び出し、その目の前で強かんしました。

ある兵補（日本軍の補助部隊として動員されたインドネシア人）は、日本兵から「妹に仕事をやるから連れてこい」といわれました。連れて来た妹はオケダに強かんされました。彼女が「なぜ私をひどい目に遭わせるのか」と叫ぶと、兄は耐え切れず、横にあったピストルで自分の頭を撃ち抜きました。

日本軍が負けて私は解放されました。軍に連行された父は行方不明で、母は亡くなっていました。周囲から「おまえは汚れている」と罵倒され、故郷を追われました。

私は今日まで、お菓子を作って売りながら生きてきました。しかし、もう限界です。希望もありません。日本政府は私たちの生活に関心を払い、すべての被害者に賠償をしてほしい。

■体に電流を流され気絶／李容洙《イヨンス》さん（87）＝韓国

私は16歳のとき、日本軍に台湾へ連行されました。慰安所の部屋から逃げ出そうとする私を軍人は思い切り蹴り、刀で右太ももをそぎました。私の両手に電話線のようなものを巻きつけました。体にビビビッと電流が流れ、私は「オンマー（お母さん）」と叫んで意識をなくしました。

私たちは25年間、ソウルの日本大使館前で毎週水曜日、デモをしています。「日韓合意」は当事者の私たちに全く知らされず、本当に悔しくて、つらくて、やりきれない気持ちです。私たちはお金が欲しいのではなく、正式な謝罪と法的賠償を求めているのです。

過ちを繰り返さないため、次の世代に正しい歴史を教えてください。韓国と日本は隣国同士です。解決して手を取り合えるようにしてほしい。

■一晩に4、5人を強要／イネス・マガリャンイス・ゴンサルベスさん＝東ティモール

日本軍は私たちを道路建設や木の伐採などに駆り出しました。私は当時13歳くらいでした。昼間は働かされ、夜は慰安所に閉じ込められ、一晩に4～5人の日本兵の相手をさせられました。私はまだ生理もありませんでした。性器が痛くて、歩くことさえできないときも兵士の相手を拒めませんでした。

私は妊娠し、慰安所で女の子を出産しました。その子が3カ月になったころ、日本軍に連れ去られました。娘がどうなったのか、日本政府は責任をもって答えてほしい。（年齢不明・初来日）

■日本軍が駐屯地に連行／エステリータ・バスバーニョ・ディさん（85）＝フィリピン

1944年の10月か11月のころです。私が市場で卵を売っていたとき、日本軍が、ゲリラ容疑で捕まえた大勢のフィリピン人男性をトラックで連れてきました。日本軍は彼らを井戸近くに並ばせ、首を切っていきました。

私は逃げる途中、日本兵に捕まり、別の女性と一緒に日本軍の駐屯地に連れて行かれました。私は立て続けに兵士たちにレイプされました。抵抗すると頭を机に思い切り打ちつけられました。私は気を失いました。その後、何人に強かんされたかはわかりません。そのようなことが3週間続きました。

日本政府は当時の戦争犯罪について、すべての国の被害者に責任を果たすべきです。

（2016年12月4日付日曜版　本吉真希）

三　731部隊にいた人々

(1)731部隊の医師、戦後、反省ないまま重職に

安倍晋三政権は、大学や研究機関、企業を軍事研究に引き込む動きを強めています。先の侵略戦争で日本は、医学や科学・技術を動員して細菌兵器や化学兵器を開発・生産し、実戦で使用した歴史があります。医学者らの戦争協力の実態を見てみると……。

西山勝夫さん

■戦時医学犯罪は学界ぐるみ

「満州」(中国東北部)に駐留した旧日本陸軍の731部隊。その実態は、ペスト菌や炭疽《たんそ》菌などの細菌兵器を極秘に研究・開発する機関でした。データを得るため、中国やソ連の捕虜に人体実験を繰り返しました。

人体実験では、捕虜の手足を凍結させて観察した〝凍傷実験〟や、

731部隊に関わった主な医学者・医師

当時	研究・協力内容	戦後の役職
２代目部隊長Ａ	流行性出血熱で人体実験	ミドリ十字取締役
病毒研究班班長Ｂ	流行性出血熱で人体実験	北里研究所病理部長
凍傷研究班班長Ｃ	凍傷の人体実験	京都府立医科大学学長
東京帝国大学医学部教授Ｄ	731部隊に医学者らを派遣	東京大学医学部長、日本医学会会長、日本医師会会長
京都帝国大学医学部長Ｅ	731部隊に医学者らを派遣	初代金沢大学学長

731部隊以外の主な医学犯罪

- ▶36年設置の関東軍軍馬防疫廠（しょう）（新京・現長春）は家畜だけではなく、ソ連や中国の捕虜に対しても毒物実験などを実施。
- ▶中国各地の陸軍病院などでは「手術演習」と称して中国人を生体解剖。
- ▶45年５～６月、九州大学医学部で、米軍Ｂ29爆撃機の搭乗員８人を手術実験で殺害。

水だけを飲ませる〝耐久実験〟も実施しました。

「これら７３１部隊の研究には、京都大学や東京大学などいくつかの大学や研究機関から派遣された医学者が直接関与していた」

そう語るのは滋賀医科大学の西山勝夫名誉教授。７３１部隊を中心とした「医学犯罪」についての検証を続けています。

戦争中、医学犯罪をおこなったのは７３１部隊だけではありません（別項）。西山さんは「医学界や医療界全体が戦争に加担した」と指摘します。

「日本医学会」（１９０２年設立）は戦争動員の場となりました。第10回総会（38年）では、来賓のナチス・ドイツ軍の将校が毒ガスについて講演しました。

そのほか病理学や細菌学、外科、内科などの学会でも、戦争関連の論文発表が増えました。

■人体実験をもとに学位を取得した

７３１部隊に関わった医学者らの中には戦中や戦後、人体実験の結果に基づく論文を大学に提出し、医学博士の学位を授与された人もいました。

西山さんは論文や学位授与記録などを調査し、60年までに京都大学が少なくとも731部隊主要幹部23人に、博士号を授与していたことを明らかにしました。

学位の審査をしたのは、多くの大学関係者を部隊に送り込んだ教授ら。授与を認可したのは文部省（当時）です。

学位を取得した医学者のなかには、ペスト菌に感染させて死に至らしめた捕虜を「サル」と偽って論文を著したケースもありました。

731部隊に関わった医学者らの多くが戦後、罪を問われず（※）、各大学の医学部長など医学界の重職に就きました。反省や謝罪もないまま今日に至っています。

西山さんは強調します。「論文を掲載した学会や、学位を授与した大学、文部科学省は、医学者や医師が悪の道に加担した経緯や理由を徹底的に検証すべきだ」。政府に真相究明のため、関係資料をすべて開示するよう求めています。

２本の煙突が残った731部隊のボイラー室跡＝2017年３月

※アメリカが日本の細菌兵器研究の全貌を入手するため、

７３１部隊上層部の罪を問わずに免責しました。

■問われる安倍政権の軍学共同推進

敗戦直前、日本政府と軍部は責任追及を逃れるため、７３１部隊の証拠の徹底した隠滅を企てました。政府は現在、部隊の存在は認めるものの、人体実験など加害の事実は認めていません。

安倍政権は２０１５年度から、大学や公的研究機関、民間企業に軍事技術の研究を委託する「安全保障技術研究推進制度」を開始。17年度予算では前年度の18倍の１１０億円も計上しました。

西山さんは力を込めて語ります。「戦争は科学・技術や医療も奇形化させる。戦争につながることはやらないという倫理性がいま問われている」

（２０１７年11月12日付日曜版　本吉真希）

(2) 731部隊にいた父、この手で捕虜に人体実験、ペスト感染強制
――晩年の告白を今語り続ける神谷則明《かみやのりあき》さん

車いすに座り、資料をかざしながら講演する神谷則明さん＝17年9月、焼津市

父親は日本軍731部隊の元隊員――。この事実に向き合い、講演で語り継いでいるのは、私立高校元社会科教員の神谷則明さん（67）です。2012年に脳出血で倒れ、右半身が不自由に。懸命のリハビリの末、講演活動を再開し、現在までに470回を超えました。

■「赤旗」記事を切り抜いていた父

神谷さんは9月、静岡県焼津市で、再開して20回目となる講演をおこないました。自宅のある名古屋市を出るのは5年ぶりです。

神谷さんの父・實さんは1940年、「満州」（中国東北部）に駐屯していた関東軍に25歳のとき、入隊しました。所属先は、人体実験や細菌戦をおこなった731部

隊（部隊長・石井四郎軍医中将）。官舎で知り合った男性の妹と結婚し、敗戦とともに名古屋に引き揚げ、鶏肉店を営みました。

「どこまでも秘匿《ひとく》せよ」――。これが最後の部隊長命令でした。話せば憲兵に殺されるという恐怖から、両親は戦後、過去を封印してきました。そんな父が731部隊を取り上げた「赤旗」の連載記事を、家族に隠れて切り抜いていました。81年のことです。

■黙り込んだ

その姿を異様に感じた神谷さん。しかし自分の父親が当事者だとは思いもせず、知り合いに元隊員がいるのかと思っていました。

ある晩、731部隊のことを尋ねると、父は「実はなあ」と切り出しました。すると母の春衛さんが「お父ちゃん！」と一喝。唇に指を押し当てた母を前に、父は黙り込みました。

再び731部隊のことを父に尋ねたのは、母の死から3年後の89年でした。当時、神谷さんが担任をしていたクラスは、学園祭に「戦争」をテーマに参加。神谷さんは生徒たちに「知り合いに元隊員がいる。代わりに質問を聞いてきてあげる」と約束しました。

「生徒のために」と父親に尋ねた神谷さん。しかし父の口は重く、話は10分と続きませんでした。

「すべて教えてほしい」。そう切り出した息子に父が口を開いたのは94年。喘息《ぜんそく》の発作で倒れたときでした。

神谷さんは父の証言をメモに取り、用紙が足りなくなると、チラシの裏にも書き留めました。
――中国やソ連の捕虜を「材料」や「丸太」と呼び、特設監獄に収容。ペスト菌に感染させたノミ（ペストノミ）を試験管に入れ、捕虜の腕に当て、感染の様子を調べた。
――ペストノミを入れた陶器製の爆弾を投下し、効果を試した野外実験に参加した。手袋や防護服を着用し、実験場のくいに縛りつけた捕虜に付いたノミを数えた。
――45年8月の終戦直前、ソ連軍が迫るなか、毒ガスで殺された捕虜を、監獄から外した鉄格子の上に並べて火をつけた……。

■胸のつかえ

父親が一度しか語らなかった体験があります。中国人捕虜の母親と祖母に、3～4歳の女児の命乞いをされたときのことです。

父は「何とかしてやりたい」と思いました。しかし、軍隊で私情を挟むことは許されません。「頼んでおいてやる」と返すのが精いっぱいでした。

「そう答えたことがよかったかどうか」。父は苦しい胸の内を戦後50年以上かけてやっと打ち明けました。

神谷さんは言います。「おやじの人生のなかで一番胸につかえ、いいにくいことだったんだろう。それでも話さんまま死ねんかったんじゃないかな」

95年、父は「もう恐れるものはない」とマスコミの取材に実名で応じました。喘息が悪化し、死を悟ったのかもしれません。神谷さんは止めましたが、父は「本当のことを言っている人間が仮名でどうする」と。

それまで「知り合いの証言」として語ってきた神谷さん。「僕に勇気がなかったんだと思う。自分のおやじがひどいことをやったというね……」。しかし、父親の悲壮な決意に背を押され、以後、「父の証言」として語ることにしました。

戦前戦中、政府の統制下にあった教育と、戦争に加担したマスコミ。父親はよく「この二つに自分たちは戦争へと仕向けられた」と話していました。そんな父は97年、82歳で亡くなる直前にこう言い残しました。

「もうすぐ日本も、アメリカの戦争に協力するという形で参加することになると思う。そのために憲法も変える必要が出てくる。おまえは社会科の教師だ。本当のことを伝えてくれ」

神谷さんは言います。

「軍靴の音が忍び寄るいま、父から伝え聞いた731部隊の実態を少しでも多くの人に伝えたい。それを通じて、憲法9条こそが平和につながる道だと知ってほしい」

（2017年11月5日付日曜版　本吉真希）

四　中国侵略で何を起こしたか

(1) 中国・平頂山事件85年――侵略初期の日本軍、住民3000人を虐殺

平頂山《へいちょうざん》事件を知っていますか。日本軍の残虐行為の原点といえる事件。日本の中国侵略の発端となった柳条湖《りゅうじょうこ》事件から1年後の1932年9月、日本軍は中国遼寧《りょうねい》省の撫順《ぶじゅん》市平頂山で、3000人余りの老若男女を虐殺しました。事件から85年、事件の生存者がすべて亡くなるなか、遺族が日本政府に謝罪と事実の究明を求めています。

1　突然〝写真機〟が火を噴いた――父も母も弟も機関銃掃射の犠牲に

■故・王質梅さん（当時11歳）

平頂山の虐殺現場には、日本軍に殺された住民の遺骨が当時のまま保存されています。

「ここに来ると母のことを思い出す。母は私に体験を話すとき、涙をぽろぽろ流した」

撫順市主催の平頂山事件85周年追悼式典に参列した、遺族の張英夫さん（67）は語ります。

母の王質梅さん（２０１３年に死去）は08年に来日したとき「人が人を殺し、人が人に殺される戦争なんて意味がない」と訴えました。

王さんは当時11歳。両親と弟は１９３２年９月16日、日本軍に殺されました。

同日午前９時か10時頃、日本兵を乗せたトラックが平頂山の集落に来ました。兵士らは銃剣で住民を脅したり「写真を撮る」とだましたりして家から追い出しました。

■故・楊宝山さん（当時9歳）

日本軍に両親と弟を殺された楊宝山さん（12年死去）は当時９歳。初めての写真撮影に「うれしくて父母の手を引っ張って行った」と証言します。

住民約３０００人が崖下の平地に集められました。そこには黒い布で覆われた物が複数ありました。楊さんは写真機だと思いました。

日本軍が集落に火を放ち、煙が上がりました。それを見た住民の騒ぎが大きくなったとき、黒い布が外され、機関銃が現れました。１人の日本兵が軍刀を振り上げると「タタタタタッ！」

……。住民に向かって機関銃が一斉に火を噴き、銃声と叫び声がその場を覆いました。楊さんの母親は自分の体の下に楊さんをかくまうように押し倒しました。「私は母の胸の下で『お母さん！』と叫び、母は『うん、うん』と答えてくれた」。そこに2度目の機銃掃射が……。「何かが母から滴り落ちてきて私の顔をぬらし、口に入った。しょっぱかったので血だとわかった」

自身も深い傷を負ったものの、母に守られ、助かりました。日本軍は息のある人を銃剣で突き殺しました。別の被害者の証言によると、幼児を銃剣で突き刺し、そのまま振り上げ、投げ捨てた兵士も。その後、ガソリンをかけて遺体を焼き、ダイナマイトで崖を爆破し、崩れた土砂で遺体を隠しました。

2　市民殺害は国際法違反――日本政府は事件認めないまま

なぜ日本軍は、平頂山の住民を虐殺したのか――。

事件の前夜、抗日義勇軍が、日本の国策会社・南満州鉄道経営の撫順炭鉱を襲撃しました。日本軍は、炭鉱に近い平頂山の住民が義勇軍に通じていると断じ、虐殺を実行したのです。

市民や捕虜の殺害は国際法違反。ところが日本政府は現在に至るまで虐殺の事実を否定したままです。

遺骨は1970年に中国政府が発掘。保存・公開のため、平頂山惨案遺址紀念館（遺骨館）が

遺骨館内に累々と横たわる遺骨＝2017年９月、撫順市

建てられました。遺骨は身を寄せ合うように折り重なっていました。身を挺して家族を守ろうとした父や母、胎児とともに殺された妊婦……。

楊さんは「物いわぬ遺骨のなかに肉親がいるかと思うと、止めどなく涙が流れてくる」と、自らが原告となった裁判で語りました。（05年、東京高裁）

そして「遺骨館に足を運んでほしい。自らの目で白骨を確かめてほしい」と訴えました。

３　父母らの名誉・尊厳回復を――遺族が事実認定と謝罪を要求

96年、楊宝山さんら３人の生存者が日本政府に謝罪を求め、裁判を起こしました。

東京地裁と同高裁は虐殺の事実は認定しました。しかし当時は国家賠償法がなく、国が違法な公権力行使で損害を与えたとしても、責任を負わない、と判断。いずれも原告の請求を退けました。

最高裁も上告を棄却（06年）。しかしその後も日本の弁護団、支援者らは平頂山を訪ね、被害者や遺族との交流や現地調査を重ねてきました。

父親が原告だった莫林義さん（70）は「みなさんの支援がなければ訴えることはできなかった」と振り返りました。裁判終了後、原告や他の被害者らは、解決に向けた三つの要求事項（※）を日本政府に突きつけています。

原告の楊さんの娘婿・劉伝利さん（71）は決意します。

「義父たちの名誉と尊厳を回復するため、解決要求事項を訴え続ける。日本の右翼的言動を変えてほしい。歴史を直視してほしい」

1951年、爆破された崖上の丘に建てられた「平頂山殉難同胞紀念碑」＝17年９月、撫順市

今年（17年）３月、事件の最後の生存者だった楊玉芬さん（当時７歳）が亡くなりました。10年に来日したときには「日本政府に事実を認め、謝罪してほしい」と訴えていました。

次男の張毓琦さん（60）は「必ず勝つ。最後までたたかいたい」と話しています。

※日本政府に対する被害者の解決要求事項＝①事実と責任を認め、生存者と遺族に公式に謝罪を行う、②謝罪の碑を建て、陵苑を設置・整備する、③悲劇を繰り返さないために事実を究明し、教訓を後世に伝える——ことなど。

■「記憶の継承」日中共同で／平頂山事件訴訟弁護団・弁護士の川上詩朗《しろう》さん

事件の生存者が亡くなり、直接体験を聞くことができなくなりました。その下で、いかに平頂山事件を継承していくのかは喫緊の課題です。「記憶の継承」のため、日中共同の取り組みの具体化が求められています。

解決要求事項の実現は、日本が歴史の事実に誠実に向き合う証しとなります。それにより日中の信頼関係が強まります。それが、互いの国が平和的に発展する基礎となります。

安倍晋三首相は憲法「改正」を積極的に進める考えを示しています。

憲法の平和主義は、広島・長崎の原爆などの被害や日本の加害の歴史が明らかになるなかで、70年にわたり守られてきました。

いまの時代における戦争は核戦争です。大切なのは、被害と加害の実態を直視し、戦争のリアリティーを踏まえた形で平和のあり方を議論することです。

（２０１７年11月12日付日曜版　本吉真希）

（2）盧溝橋事件80年と安倍政治――日中全面戦争の泥沼になぜ陥ったか

２０１７年７月７日は盧溝橋《ろこうきょう》事件から80年です。この事件が発端となり、日本は中国全土での日中全面戦争につきすすみます。今日、安倍晋三政権が、秘密保護法、戦争法＝安保法制につづき、思想・良心をとりしまる共謀罪を強行成立させたことに、「戦前回帰」の危険性を感じた市民が少なくありません。今日につながる日中戦争の真相を見ました。

１　軍部の強権体制と「中国一撃論」――侵略拡大派が主導

１９３７年７月７日午後10時40分ごろ、北京（当時は北平《ほくへい》）近郊の永定河《えいていが》にかかる盧溝橋付近で響いた銃声は、その後、８年にわたる日中間の戦争の始まりでした。当時、橋のたもとには北京を守る中国軍駐屯地がありましたが、すぐそばの河原で日本の駐屯軍が夜間演習をしていました。事件そのものは偶発的に発生したものでした。局地的な事件として現地軍の間で停戦協定が成立し決着しました。

ところが、陸軍は約10万人の大兵力を北京など華北に派遣すると決定。近衛文麿《このえふみまろ》内閣も「武力抗日疑いの余地なし」の声明を出し、これを承認し華北派兵を閣議決定しました。

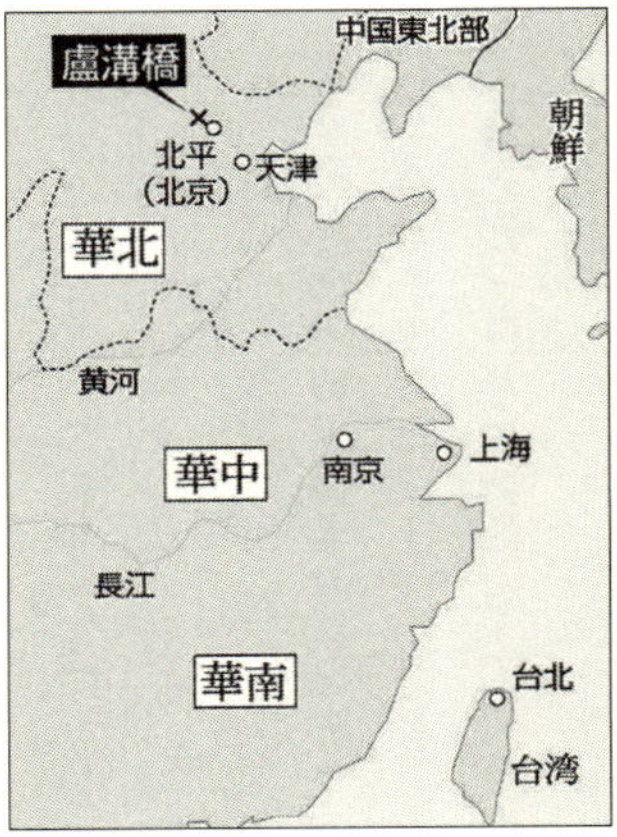

この背景には、前年の二・二六事件（※）で軍部強権体制の実権を握った陸軍参謀本部内で、武藤《むとう》章《あきら》（A級戦犯、東京裁判で死刑）らが「華北分離工作」の懸案を一気に解決できるという、一見勇ましい「中国一撃論」を主張して勢力をのばし、旧「満州」（中国東北部）重視の不拡大論を抑えたことがありました。

「華北分離」とは国民党政府の支配から華北5省を分離するのが目的でした。

日本軍は7月末までに北京を占領。これに対し中国側は華北が「第2の満州」になると懸念し、日本の侵略にたいする危機感を強めます。

日中戦争にくわしい笠原《かさはら》十九司《とくし》都留文科大学名誉教授（日中関係史）はこう語ります。

「戦争とはいきなり始まるものではなく、戦争へと進む『前史』があり、それがいよいよ戦争発動、開始の『前夜』の段階まで進むと、軍の謀略や偶発的な事件でも容易に戦争に突入します。盧溝橋事件を発端とした日中戦争の拡大はその典型です」と語ります。

笠原氏はその「前史」として治安維持法をあげます。1925年に成立し、28年に死刑法にされた希代の悪法と特高警察によって、共産党員をはじめとして自由主義者、宗教者など戦争反対と自由を求める人々を徹底して弾圧しました。「思想・内心の自由を取り締まるという点で、安倍内閣の共謀罪もまったく同じものです」といいます。

さらに二・二六事件で、天皇の統帥権に守られた軍隊の批判を許さない強権体制をつくりました。「陸軍は華北の駐屯軍を約１７００人から約５７００人に増強し、北京周辺で軍事演習を公然とおこなった。盧溝橋事件は起こるべくして起こったのです」

※二・二六事件＝１９３６年２月26日早朝、陸軍内の派閥・皇道派の青年将校が１４００人の兵力を率い「昭和維新」を掲げ蔵相、内大臣などを殺害、永田町一帯を占領しクーデターを試みた事件。天皇の命令で鎮圧され17人に死刑執行。事件の結果、軍部の強権政治体制が確立しました。

２　海軍の「南京渡洋爆撃」——大虐殺の先駆けに

戦争の機運が高まるなかで火種が華中に飛び火します。華中には上海や国民党政府の首都・南京があり、欧米列強も進出していました。

秘密裏にすすめられた和平交渉で「日華停戦」が実現することを恐れたのが、日本の海軍です。海軍は山本五十六《いそろく》が主導し、すでに中国本土にとどく中型爆撃機（九六式陸上攻撃機）を完成させ、中国の都市爆撃の態勢をとっていました。

和平交渉を吹き飛ばしたのが大山事件です。

８月９日夕方、上海特別陸戦隊の大山勇夫中尉が乗った車が、中国保安隊によって何重にも警戒線を敷かれた飛行場周辺に突入し、大山と運転手が射殺される事件がおきます。笠原氏は「情

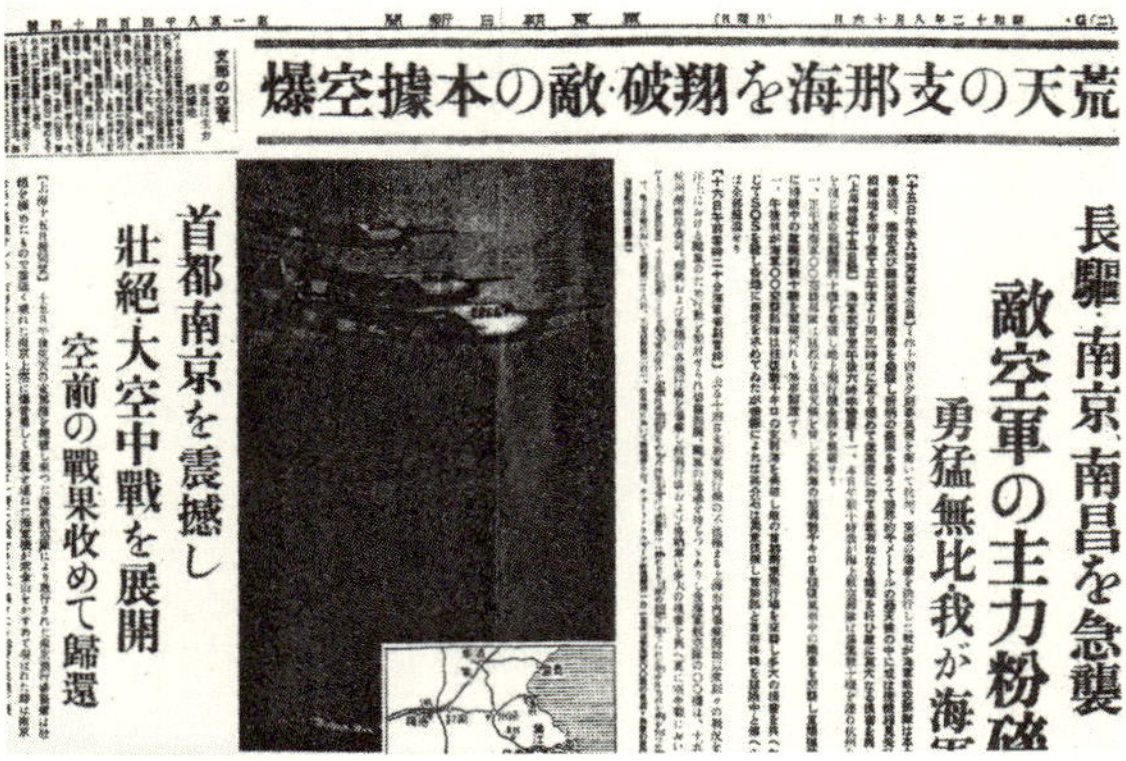

荒天の支那海を翔破・敵の本據空爆

長驅南京、南昌を急襲

敵空軍の主力粉碎

勇猛無比我が海

首都南京を震撼し

壯絶・大空中戰を展開

空前の戰果收めて歸還

南京への渡洋爆撃を大々的に報じる「東京朝日新聞」
＝1937年８月16日付

報収集中だったと当時報道されたが、そうではなく大山が死を決しておこなった海軍の謀略事件だった」と指摘します。（笠原著『海軍の日中戦争』平凡社に詳述）

当時の新聞は「大山中尉射殺される　敵弾集中、無残の最期」（読売新聞）、「悪逆無道、保安隊の暴状」（東京日日新聞）と大々的に報じました。現地海軍の思惑どおり、日本国内の世論が激高し、「暴支膺懲《ぼうしようちょう》」（暴虐な中国をこらしめるの意味）が叫ばれ、日中戦争のスローガンになりました。

８月13日に海軍陸戦隊と中国軍が衝突し「第２次上海事変」が開始され、華北の戦闘は上海に拡大しました。

海軍航空隊は８月15日、長崎の大村と植民地の台湾から中型爆撃機を飛ばして、宣戦布告もせず首都・南京を爆撃（「南京渡洋爆撃」）。９月になると上海から11次にわたる南京空襲をおこないました。撃墜を恐れて３０００《メートル》の高高度から爆撃や夜間空襲をしたため、誤爆による民間の犠牲も多く出ました。南京大虐殺の先駆けでした。

国民党政府主席の蒋介石《しょうかいせき》は「日本の侵略者を駆逐する」と発表。そのために中国共産党との

「国共合作」にふみきり激しく抗戦。「上海事変」は3カ月に及び、日本の戦死者は9000人余になりました。

近衛内閣は国際的な非難を避けるため戦争を「事変」と言いかえたまま、「北支《ほくし》事変」から中国全土をさす「支那《しな》事変」に改称。陸軍は「上海派遣軍」（松井石根《いわね》司令官、A級戦犯で死刑）を派兵。この派遣軍が12月に南京を占領、約20万人と推定される捕虜・非戦闘員の殺害と、略奪・放火・暴行という蛮行をおこないました。（南京大虐殺）

3「戦果・美談」描く政府・メディア――国民あおる大宣伝

海軍省は「世界航空戦史上、未曽有の渡洋爆撃」と大宣伝しました。新聞メディアも「我が海軍機　長駆南京へ　空軍根拠地を爆撃す　敵に甚大な損害を与う」（東京朝日新聞8月15日号外）などセンセーショナルに報道。実際には中国軍機と対空砲の反撃で20機、約60人が犠牲になりました。

渡洋爆撃は少年向けの軍国美談にもなり、「海陸の荒鷲大暴れ・大活躍の海軍航空隊」などと、少年の〝憧れ〟をあおりました。

国民が軍用機を献納する運動が起こされ、各新聞社が競って「銀翼献金」を宣伝。政府の臨時軍事費の大盤振る舞いにもつながりました。

笠原氏は「日中戦争の全面化は日本の〝自滅のシナリオ〟の始まりでした。南京大虐殺事件を起こし、中国の奥地へと戦線を広げて泥沼にはまり込んでいきます。軍部にはできない外交による解決が必要だったときに、それを担う政治がありませんでした。軍事対決をあおり外交不在のいまの安倍政治とそっくりです。若い皆さんには歴史の真実、教訓をしっかりと学んでほしいと念願しています」と語ります。

（2017年7月7日付　山沢　猛）

（3）重慶無差別爆撃の7年——中国で日本軍が始めた〝戦意喪失作戦〟

日中戦争中の1937年12月、中国・南京を攻略した日本軍。重慶《じゅうけい》市や四川《しせん》省の諸都市に向けて集中的な無差別爆撃をおこないました。6年10カ月におよぶ無差別爆撃で、死傷者は少なくとも4万人を超えました。被害者の証言からみえてくる実態は——。

1　「兵力と天候が許す限り」「昼夜にわたる」攻撃命令

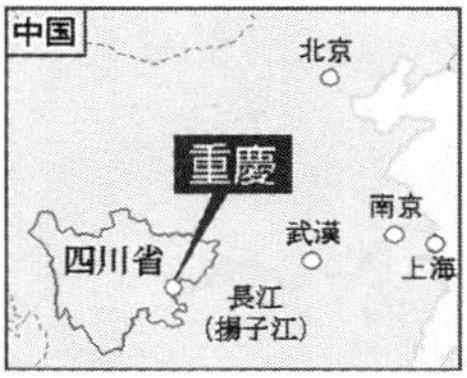

重慶大爆撃は1938年2月18日の飛行場への爆撃から始まりました。

重慶市は当時、抗日政権の臨時首都でした。国民党（蔣介石）と共産党（周恩来《しゅうおんらい》）の「国共合作政権」は上海、南京、武漢で日本軍との地上戦に敗退。重慶に拠点を移して日本軍と対峙《たいじ》しました。

重慶は長江《ちょうこう》上流の山と渓谷が多い急峻《きゅうしゅん》な地形です。そのため日本軍は地上から襲撃できず、陸海軍の航空部隊が空から爆撃しました。

爆撃の目的は、敵の戦略および政権中枢を爆撃することで「敵の継戦意志を挫折す」ることでした。（天皇が裁可した「大陸命第二百四十一号」38年12月

日本軍機による爆撃後の重慶市街＝『重慶大爆撃の研究』潘洵著、徐勇・波多野澄雄監修、柳英武訳、岩波書店所収。出典は潘洵著『抗日戦争時期重慶大轟炸研究』

2日付に基づく指示）

とりわけ激しく爆撃したのは39～41年の3年間。その始まりは39年5月3日と4日でした。日本軍が大量の焼《しょう》夷《い》弾《だん》を投下したため、木造建築の多い重慶の街は猛火に包まれました。

最新の研究では、2日間で死者4572人、負傷者3637人に上ったといいます。（潘洵著『重慶大爆撃の研究』岩波書店）

■2歳の傷痕、痛み今も／簡全碧さん（78）

簡全碧さんは同4日、両親とともに親戚の家に避難していたため、難を逃れました。しかし自宅が全壊し、妊娠中の母は精神的に不安定となりました。家族は重慶中心部にある祖母の家に居を移しましたが、空襲のたびに防空壕に避難しました。

日本軍は翌40年に「百一号作戦」を実行。陸海軍航空部隊は▽兵力と天候が許す限り連日、攻撃を続行▽極力、昼夜にわたる連続攻撃を実施――することを申し合わせました。

この作戦のさなかの同年8月19日。簡さんの父親は空襲警報が鳴ると、体調の悪い母と乳児だった妹を連れて防空壕に避難しました。祖母が少し遅れて、当時2歳の簡さんを抱いて防空壕に向かおうとしたところ、爆弾が祖母の家を直撃。祖母は倒れてきた壁の下敷きとなり、亡くなりました。祖母の体の下にいた簡さんも、右の上腹部に爆弾の破片が突き刺さりました。

いまも4チセンほどの傷痕があります。「天気の悪い日は傷痕が痛む」と話します。

空襲の夢も見ます。

「一番見るのは、暗くて息苦しい防空壕のなかで、私が泣いたり母の名前を呼んだりすると、おとなにしかられる場面。もう一つは、私が病院で治療を受けている場面です。苦痛がよみがえり、思わず叫ぶこともあります。無差別爆撃が生み出した苦痛と恐怖は、いまも消えていません」

■頭に残る破片、舌かみ耐える／陳桂芳さん（84）

陳桂芳さんも爆弾の破片が頭部に残っています。39年8月4日、避難先に爆弾が落ち、両親は翌日に死亡。当時7歳だった陳さんは頭や右腕に重傷を負いました。

雨の日は傷の痛みがとくにひどく、舌をかんで痛みに耐えます。「70年以上、大爆撃による身体的、精神的苦痛を味わってきた」と訴えます。

■防空壕避難も姉2人窒息死／粟遠奎さん（83）

粟遠奎さんは41年6月5日、一家が避難した防空壕で、8歳と10歳の姉2人を失いました。この防空壕で少なくとも千人の住民が窒息死したといわれています。中国では「六・五隧道《ずいどう》大惨案」として記憶されています。

その年、日本軍は「百二号作戦」を実施。7月に5日間の連続爆撃（夜間爆撃2回）、8月に7日間の連続爆撃（同6回）をおこないました。

夜間爆撃をした美幌《びほろ》海軍航空隊は8月13日、「夜間敵首都に進入し、市民の心胆を寒からしめ、甚大なる成果を挙げ（た）」と戦闘詳報に記しています。連日連夜、爆撃におびえ、防空壕への待避を強いられたことを市民たちは「疲労爆撃」と呼びました。

41年9月以降、日本軍の航空部隊は対米戦に備えて撤収します。しかし散発的な空襲は四川省の諸都市に対して44年12月まで続きました。

潘洵・西南大学歴史文化学院教授によると、重慶大爆撃の死傷者数は4万1873人に上りますが、現在も調査中です。潘教授はこの数値について「最も少ない数字だ」とのべています。重慶大爆撃訴訟の被害者弁護団は死傷者10万人としています。

■被害者と遺族ら188人、謝罪と賠償求め提訴

重慶大爆撃の被害者と遺族ら188人は2006年から09年まで4次にわたり、日本政府に謝罪と賠償を求め、提訴しました。

東京地裁判決（15年）は、明治憲法下での国の不法行為には責任を問えないという「国家無答責の法理」を理由に、原告の請求を退けました。

判決は爆撃の事実を認定しましたが、爆撃の「侵略性」「残虐性」「国際法違反性」を認めませ

んでした。

控訴人の粟さんは東京高裁の第1回口頭弁論（16年11月）で、この3点を認定すべきだと主張。「謝罪と賠償が認められて初めて重慶大爆撃の被害者たちに正義が実現される」と訴えました。しかし、東京高裁は1審・東京地裁判決を支持し、原告側の請求を棄却（17年）。原告側は判決翌日、最高裁に上告しました。

2 〝空からの皆殺し〟の思想――軍事ジャーナリストの前田哲男さん

重慶爆撃は「戦略爆撃」という言葉に代表されるように〝空からの皆殺し〟の思想です。特徴の第一は、都市そのものを攻撃対象にする無差別性です。第二は空軍力のみをもって相手を攻撃すること。第三は敵の戦意を喪失させるため、焼夷弾を主力に民家を焼き払うことです。この三つの特徴は、ナチス・ドイツの空軍によるスペインのゲルニカ爆撃（37年4月）にもある程度当てはまります。日本軍の重慶爆撃で完全な形となりました。

米軍はそれにならって、戦争末期に東京をはじめとする日本の諸都市を爆撃しました。それは広島・長崎への原爆投下で頂点に達しました。

戦後も朝鮮戦争やベトナム戦争、湾岸戦争、アフガニスタン攻撃、イラク戦争、現在のアレッポ（シリア）などで〝空からの皆殺し〟の思想は生き続けています。

米軍は「精密誘導爆撃」といいますが、実態は病院や結婚式場などへの誤爆ばかりです。

重慶を一つの始まりとする無差別爆撃は徹底的に、まなざしを欠いた戦法です。上空から爆弾を投下する兵士には、地上から発する苦痛にゆがむ顔も見えません。助けを求める声も聞こえず、人間の焼けるにおいも伝わりません。

重慶と同じ時期に起きた南京虐殺では、兵士が一生涯振りほどけない光景や手の感覚、においが記憶として残ります。しかし空からの爆撃にはそういう感覚が残らない。人を殺したことの実感がわからないままです。

私たち日本人は、空襲について加害者と被害者の両面をもっています。つまり米軍による空襲と原爆投下で空前絶後の体験をしました。しかしそれ以前には、中国への無差別爆撃で無辜《むこ》の市民を殺傷していました。日本の被災者同様、中国の被災者にとっても記憶はいまだに鮮明です。

私たちは空襲や原爆投下を記憶すると同時に、そこに至る道、重慶大爆撃も記憶することが必要です。

（2017年2月19日付日曜版　本吉真希）

（4）日本軍が遺棄した毒ガスの被害いまも

1　中国に70万～200万発を遺棄――日本市民・医師が救済へ新基金

アジア・太平洋戦争の敗戦時に日本軍が遺棄した毒ガスで、現在も多数の中国人が苦しんでいます。彼らを長年支援してきた日本の市民は、困窮する被害者の医療と生活を長期的に支えるため、「化学兵器被害者支援日中未来平和基金」（代表理事・小野寺利孝弁護士）を設立。新たなスタートを切りました。

日本軍は敗戦時に戦犯追及を恐れ、大量の毒ガスを河川に投棄したり、土中に遺棄したりしました。その総数は70万～200万発。なかでもソ連軍が侵攻した中国東北部（旧「満州」）に集中しています。建設工事などで、毒ガス液や汚染された土砂などに触れた住民が被害を受けています。

被害者が最も多い中国黒竜江省《こくりゅうこう》のチチハル市。ひまわりの種の加工工場を経営していた楊樹茂さん（53）は2003年8月、汚染土とは知らず、庭を整地して被害に遭いました。事件後、

中国に遺棄された日本軍の化学砲弾等の発掘・回収状況

「毒ガスがうつる」と差別され、工場は営業休止に。後遺症で働けず、収入が途絶えました。

楊さんは「常に頭痛があり、息切れもひどい。いま一番の悩みは頻尿や排尿時の痛み」だと訴えます。病院に行く経済的余裕はなく、安い市販薬を買ってしのいでいます。

■夢を奪われた21歳の被害者

チチハルに住む高明さん（21）は7歳の時、汚染土で遊んで被毒しました。事件後、習ったことを翌日には忘れてしまうようになり「お医者さんになる夢」を失いました。いまもめまいや発熱があり、風邪をひきやすい状態です。毎日3食とる食欲もありません。将来を考えると不安で涙があふれます。

中国の被害者と遺族約70人は、1996～2014年に四つの裁判を日本でたたかいました。十分な被害防止措置をとらなかった日本政府の責任を問いましたが、いずれも敗訴が確定しています。

弁護団や支援者は裁判終結後も活動し、昨春（２０１６年）、「化学兵器被害者支援日中未来平和基金」を結成。同10月、ＮＰＯ法人に認証されました。

基金の目的は、被害者の医療と生活の支援を実現するため、①日本と中国の医師による治療活動・医療知見の交換、②被害者との交流、③被害を調査・研究し、政策を提言――するなど被害回復に寄与することです。活動は中国側の「細菌戦・化学兵器被害者救済基金」（14年設立）とおこないます。

■チチハル訪問、〝薬代〟手渡す

日本の基金関係者は今年（17年）３月、チチハル市を訪問。集まった被害者34人に基金について報告し、大きな拍手をうけました。

今回、日中両基金から被害者に薬代として支援金を手渡しました。

検診は06年から「全日本民主医療機関連合会」の医師らが中国の医師と協力し、中国で計６回おこなってきました。今後はチチハルの総合病院で、検診にとどまらず、治療ができる態勢が整いつつあります。

被害者を代表して謝意を表明した前出の楊さんは「化学兵器の甚大な被害を世界に訴え、日本政府が早急に処理するよう皆さんとたたかっていきたい」と語りました。

弁護士の南典男・同基金事務局長は「いままでより一歩進めた活動に入っていきたい。被害原因をつくった日本政府と化学兵器を製造した日本企業に責任を果たさせる」とのべました。

集まった被害者たちに基金の説明をする南典男弁護士（右から2人目）**と通訳の房若林さん**（その右）、**日本の基金関係者ら**（写真左側）＝17年3月、チチハル市

（NPO法人「化学兵器被害者支援日中未来平和基金」ホームページ＝http://www.miraiheiwa.org/）

■発掘・回収まだ5・6万発――対応遅い日本政府

日本軍の731部隊は、細菌を使った人体実験や細菌戦をおこなっただけでなく、1933年に毒ガスの人体実験を開始していました。

黒竜江省のハルビン市郊外にある731部隊跡地には、毒ガス実験室と毒ガス貯蔵室が現存しています。

チチハル市郊外には毒ガス兵器を扱う516部隊があり、731部隊と毒ガス実験を実施していました。

そのチチハルで2003年8月、死傷者44人（うち1人死亡）を出した遺棄毒ガス事件が起きました。毒ガス液の入ったドラム缶5本が、団地の地下駐車場の建設現場から掘り出されたのです。

現場は516部隊の弾薬庫跡地でした。

日本政府は1995年に化学兵器禁止条約を締結しました。99年には、遺棄化学兵器の廃棄に関する覚書を中国政府と結び、廃棄義務を負いました。しかし対応は遅く、主体的・能動的な被害防止措置をとらずにきています。

内閣府によると、2016年11月までに発掘・回収されたのは約5・6万発です。

■日本国内での被害者も決意――「伝えることが私の役目」

他方、環境省によると日本での毒ガス弾などの発見、被災や掃海などの処理は、03年までに24都道府県823件に上ります。

毒ガス被害は日本でも起きています。茨城県神栖《かみす》市で被害に遭った青塚美幸さん(40)と長男の琉時《りゅうじ》さん(15)も今回の訪中に参加しました。

同市では、住民が日本軍の毒ガス原料が由来のヒ素に汚染された井戸水を飲用。2000年頃から症状が出始めました。

青塚さんはのどの痛みやイライラが続き、ふらつくため室内をはって移動。琉時さんはヒ素摂取による発達障害と診断されました。

住民39人は06年、国と茨城県に責任を問うため、公害等調整委員会に責任裁定を申請。同委員会は12年、国の責任は認定困難としましたが、県の法的責任は認めました。

青塚さんは「県との和解で、すべてをリセットして新しい生活を築こう」と思いました。しかし被害を受けたことについて「忘れたいけど忘れられない」と苦悩しています。

今回、青塚さんは中国の被害者に会ったり、731部隊の資料館を見学したりして、気持ちが変わりました。

「事実を忘れずに伝えていくことが自分たちの役目。それが被害を拡大しないことになる」

青塚さんは、通訳を務めたチチハル在住の中国人、房若林さん（52）にも心を動かされました。

房さんは日本の弁護団と20年以上関わっています。「同胞や日本の被害者のため、傍観してはいけない。支援を呼びかけたい」と話す房さん。日本側基金の会員になりました。

2　後遺症で働けず長期支援が必要
――磯野理《おさむ》さん「化学兵器被害者支援日中未来平和基金」理事・京都民医連第二中央病院院長（神経内科）

私たちはチチハル被害者に定期的な検診を6回おこなってきました。

その際、参考にしたのが１９８０年代にイラク軍のマスタードガスで被曝《ひばく》したイラン人の症状でした。いまも多くが皮膚・目・呼吸器の三大臓器症状に苦しんでいます。

チチハルの場合は三大臓器症状より、自律神経障害（著しい頻尿・下痢、疲れやすい、ふらつきなど）と、高次脳機能障害（記憶力、集中力、判断力などの低下）などの後遺症に苦しんでいます。これらの症状に苦しむのは、日本軍のマスタードガスが、ルイサイトとの混合物だったからだと考えられます。

２０１２年、学習障害が顕著だった16歳の被害者に知能検査をおこないました。結果は、発達年齢が事故時の７歳のままでした。

時間の経過とともに皮膚や目、呼吸器の症状は落ち着いてきていると思います。しかし頻尿はもともと夜間に十数回あったものが、３～４回に減った程度です。階段で２階に上がるのも休み休みでないと脈拍が増え、しんどくて上がれない人も多くいます。

いまも後遺症に苦しみ、通常の生活や仕事ができる状態ではありません。うつやＰＴＳＤ（心的外傷後ストレス障害）も深刻です。

マスタードガスは発がん性です。日本軍の毒ガスを広島県の大久野島で製造していた人たちには、がんの発生が多いようです。中国でもがんで死亡した被害者が出ています。

基金では治療やメンタルケア、生活の支援を長期的にどうできるかを話し合っています。

シリア北西部で４月、サリンかサリンのような物質が使われました。毒ガス兵器はまさに現在の問題です。毒ガス被害の実態を周知していきたい。

（２０１７年5月14日付日曜版　本吉真希）

五　東南アジア、南洋の島々で

（1）シンガポール・マレーシアの日本軍戦争跡をたどる

日本軍が英連合軍を破り、シンガポールとマレーシアを占領したあと、敗戦までの3年8カ月の間に何をしたのかは、日本ではあまり知られていません。この問題で現地調査を長年続けてきたのが、高嶋伸欣《のぶよし》琉球大学名誉教授です。同氏が1983年から始めた教員や有志が参加するスタディーツアーが42回続いてきました。このツアーに参加して見えてきた日本の戦争の跡、そして市民との交流は――。

1　銃剣で次々刺され――絵・記念碑は告発

1年の気温が32度とほとんど変わらないシンガポール。その市街地の「先賢館」に2016年8月18日、ツアーの一行10人が到着、続いて日本人会、日本人学校の生徒や教師が顔をみせ、50

人余になりました。

■謝さんの証言

この日、日本軍がシンガポールに侵攻し占領した時の体験を証言してくれたのは、謝昭思さん（84）です。

謝さんは当時10歳。一家は両親、母方・父方の兄弟たち計25人で、２００頭のブタ、１０００羽のカモを飼っていた豊かな農家でした。農地は今のシンガポール大学構内に当たります。

１９４２年2月15日、最初の日本兵１０００人以上がやってきました。謝さんの過去数回にわたる証言記録を含め再現すると――。

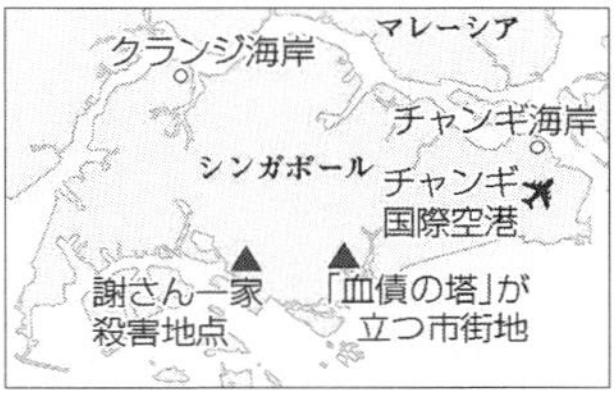

「日本軍は次つぎとやってきてブタやカモなどを奪っていった。なくなると父たちをひどくぶった。ある日突然、家並みの端のおばの家から『助けて』という悲鳴が聞こえた。外に出てみると、ネットをかぶり体中に木の枝をつけた日本兵が家の人々を殺していた」

「日本兵は私たちが隠れていた子ども用の防空壕にもきた。15歳の男の子が床に膝をつき、指で地面に『先生、私たちは何をしてさしあげればいいのですか』と中国語で書いた。日本兵はその子の背後から銃剣で突き刺し、頭を殴って刺し殺した」

謝さんはいとこと夢中で逃げましたが、山のそばで捕まり刺され、倒れると何度も刺され、そのうち気が遠くなったといいます。

■日本は賠償を

息が苦しくて意識が戻ると、穴に入れられ土が軽くかけられていました。そこは家からかなり離れた場所で、少しずつはって家に戻ったら、妊娠7カ月の重傷の母と、刺された15歳の姉、生後18カ月の弟、重傷のおば1人がいて、父は即死でした。

悲観した母はカモ池のそばで死のうといいましたが、謝さんはやっと生き返ったのに「死にたくない、いやだ」と泣き叫んだら、近所の人が飛んで来て止め、遺体も埋葬してくれました。悲しく泣く毎日だったといいます。母は出産の直後に亡くなりました。

少年の謝さんが目撃した若い華人の男女が日本兵に斬首されるところ。記憶をもとに描いた絵

「母の死後、おばのもとで生活した。日本軍の命令で弟と2人、兵舎の皿洗いなどをしにいった。軍医がかわいがってくれご飯を食べられた。あるとき中国系の若い男女が日本兵に首を切り落とされるところを目の前で見た。それからは日本軍の所に行けなかった」

「日本は今からでも本心から賠償してほしい。この怒りは一生消えない。思い出すと悲しみでいっぱいになる」

謝さんは１９９８年、アジア・フォーラム横浜（吉池俊子代表）が、シンガポールの華字紙に出した「尋　二戦受害者」（第２次大戦の被害者を探しています）という広告をとりあげた記事を見て名乗り出た１人です。

　謝さんが記憶をもとに描いた４枚の絵は、国立公文書館に展示され、インタビュー記録映像も保存されています。

■憲兵隊の粛清

　シンガポール政府は戦後50年の事業で、戦場跡や占領下の事件の場所に記念碑を建てました。11カ所から現在20カ所に増えています。

　ツアーでは日本軍がシンガポールに初めて上陸した海岸や激戦地など、10カ所近くを巡りました。

　その一つが、チャンギ国際空港に着陸する大型機が頭上を横切る「チャンギ海岸」の記念碑です。英語、中国語、マレー語、タミル語、日本語で碑文が記されています。

「１９４２年２月20日、ここチャンギ海岸の水際で66人の華人男性が補助憲兵銃殺執行隊によって殺害された。この66人は……『抗日分子』一掃のため日本軍が展開したいわゆる大検証（「粛清」）で殺害された何万人もの華人の一部である」

「ここから数百メートル南のタナメラブサル海岸（現在はチャンギ空港滑走路の一部）は日本軍によって最も頻繁に使用された処刑場の一つであり、若者を含む千人を超える華人男性がそこで殺害された」

謝さんの家族の殺害は、この大規模な華僑虐殺の前触れでした。2月18日、山下奉文第25軍司令官が「抗日分子」掃討を命じ開始されました。英連合軍との戦闘が終わった後の事件でした。この「粛清」を実行したのが、占領後の治安を担った憲兵隊でした。1976年発行の『日本憲兵正史』（全国憲友会連合会発行）では「遺憾な粛清事件であり、この事件は大東亜戦争史上一大汚点となった」とみずから記しています。

占領開始の2月15日には毎年、市街中心部に白くそびえる「日本占領時期死難人民紀念碑」、いわゆる「血債の塔」で政府主催の追悼式がおこなわれています。

2　追悼の交流、信頼の基礎

南シナ海を望むマレーシアの東海岸、ジョホール州メルシンの丘にある中国式のお墓、義山。その斜面の中腹に「豊盛港華裔先賢公墓」と彫られた追悼碑があります。豊盛とはメルシンのことです。

「前回来たときと彩色が変わっている。地元の人がよく管理しているからだ」と高嶋伸欣琉球大学名誉教授。1942年2月29日からの3日間に虐殺された400人以上が埋葬されているといいます。

雨が降る中、ツアー一行が墓の周囲の雑草を取りはじめました。

中国式の大きな線香を全員が手に持ち、碑の前に立ち、全員で三拝します。「地元のお線香を用意して追悼します。加害の日本人がやってきて何をしているのかと地元の方が不快な思いをされないように、お墓の掃除もする。高嶋先生は以前から追悼碑の周りの雑草取りをごく自然に続けてこられました」

毎年12月に東南アジアから証言者を呼んで集会を開いているアジア・フォーラム横浜の吉池俊子さんは語ります。

■70のお墓や追悼碑

ツアーを通じて現地の協力もあり、約70のお墓や追悼碑を二つの国で確認しました。

マレーシア各州の中でも、「敵性華僑狩り」の名で最大規模の一般住民虐殺がおこなわれたのが、首都に近いネグリ・センビラン（森美蘭）州です。多くが森の中のゴム園で働く労働者であり、家族でそこに住んでいた住民でした。

広島の第5師団歩兵第11連隊第7中隊の「陣中日誌」1942年3月分に、集落を襲って銃剣で女性、子どもをふくめ無差別に刺殺した記録が、防衛省防衛研究所戦史研究センターに残されています。

8月14日、州全体の追悼式が州都セレンバンにある、山の頂上から裾野まで墓が並ぶ巨大な義山でおこなわれました。「森州日侵時期蒙難同胞71周年紀念公祭」です。

毎年おこなわれるこの追悼式にはツアー参加者も招かれ、日本人も線香をあげました。「反恐

（＝テロ）反戦、提唱和平」宣言が読み上げられ、拍手が響きました。

■批判の声知るべき

高嶋氏はあいさつのなかで、安倍政権が集団的自衛権の行使を狙い、今年も侵略戦争の精神的支柱になった靖国神社に大臣や自民党議員などが参拝したことにふれ、「東南アジアからの批判の声が上がっていることを日本は知るべきだ」とのべました。

同州の華人団体・中華大会堂が１９８４年、日本侵略の時期の体験者の証言、資料を広く集めました。しかし、印刷費用で滞っていたマレーシアでの出版を、高嶋氏や林博史関東学院大教授が日本の研究者にも呼びかけて援助、88年に出版されました。こうした長年の交流が互いの信頼の基礎になっています。

３　中高生たちと追悼式

マレーシアの首都クアラルンプールでは、毎年8月15日に王宮（イスタナ）近くの義山で、華人の団体・中華大会堂の実行委員会が主催する追悼式典が開かれています。

■「自分たちで来た」

中学校や高校の生徒たち数十人も教師と参加していました。「先生にいわれて来たのですか」

と聞くと、「いいえ、自分たちで来ました」と声をそろえました。

今回もツアー参加者は二つの碑の前での追悼に参加しました。

一つは、「中華民国男女僑胞《きょうほう》惨死墳」で、戦時中に刑務所で亡くなった人や、抗日軍や虐殺の死者などを埋葬したところです。戦後になって日本軍の蛮行を見ていた人が遺体を掘り出して改めて埋葬しなおし、墓をたてたといいます。掘り出された頭蓋骨は１１００人に及んだといいます。

追悼式の後に生徒たちに囲まれて撮影に応じる高嶋氏（前列中央）＝16年８月15日、マレーシア

もう一つは、「華僑機工回国抗戦殉難紀念碑」です。日中戦争が始まると日本の侵略とたたかう中国の政権を援助するために、山深い雲南省のルートを使ってトラックで兵器や物資の輸送をおこなった運転手や整備工を「回国機工」といい、その人々を愛国者として顕彰する碑です。

追悼式にはだれでも参加できます。主催者あいさつをした中華大会堂の主席、イギリスとフランス両大使館の武官、日本大使館から1等書記官などが参加しました。日本大使館からは数年前からの参加だといいます。

式の中で16歳の女子高校生がりんとした声で追悼の言葉をのべ、高校生の男女がトランペットで追悼の曲を演奏。生徒全員がキクを献花しました。

■「歴史を学びたい」

式典が終わって高校生に感想を聞くと――。

「この碑を建てて先祖の人たちの権威を伝えているのだと思う。そういう過去の歴史を学んでいきたい」（女子）

「抗日の人たちがいたから今の自分たちがいる。その犠牲がなければ、私たちは生まれていない。自分は抗日の人たちに敬意を持っています」（男子）

「初めて参加したのですが特別な感じがした。歴史的なことを感じた。国家の組織がやったことなので、マレーシアは（日本人を）許すべきです」（男子）

式の後、中華大会堂関係者との懇談で、高嶋琉球大名誉教授はツアー参加者の思いとして「安倍政権がやっていることを、東南アジアのみなさんがたいへん心配していることを聞きました。このツアーの報告書を仕上げて普及し、日本人にそうしたことを知らせたい。これからは若者の交流が大事です。大学生などを誘って交流もつよめていきたい」と語りました。

（２０１６年９月25日〜27日付　山沢　猛）

（2）憲兵隊、軍が敗戦後に住民を殺害――「九・五事件」犠牲者の孫が証言

16世紀からの欧州諸国とアジアとの貿易と交流で繁栄した街並みが残る世界遺産のまち、マラッカ市（マレーシア）。その近郊の国道5号線脇に、高さ1メートル半ほどの「一九四五年『九・五』殉難史誌」の碑が置かれ、後ろに石のお墓がひっそりと並んでいます。敗戦後に不当に旧日本軍に殺害された人々のお墓です。

「殉難史誌」には「一九四六年二月十五日　馬六甲（＝マラッカ）人民委員会総会」によって建てられたとあります。マラッカの人民委員会は当時の住民のリーダーの組織でした。マラヤ共産党系の人民抗日軍のメンバーや国民党員も入った、いわば戦後の混乱から復興するための横断的な組織でした。

マラッカを訪ねるたびに、この十数基のお墓の草取りをして追悼をしてきた高嶋伸欣琉球大学名誉教授ら「マレー半島・戦争の傷跡を尋ねる旅」一行は8月13日、犠牲者の一人、林揆義の孫の林少彬（リム・シャオビン）さんと再会しました。リムさんはシンガポール在住です。

「私が奨学金を受けて日本に留学するときになって初めて、祖母から『実はおまえのおじいさんは戦後になって日本軍に殺された』と聞かされました」といいます。

戦後に日本軍に殺害された祖父について語るリム・シャオビンさん（中央）と「マレー半島の旅」一行＝８月13日、マラッカ

■軍事的な「空白」

そして「祖父はマラッカ市のリーダーの一人で、人民委員会で民意を知る仕事、いまでいうアンケートをとる主任をしていた。日本軍にとっては軍の行為の告発も出てくるからおもしろくなかったのでしょう。三つの学校の理事をしていたが、一つの学校はいまも同じ名前で残っている」と背景を説明します。

１９４５年8月15日に日本軍が降伏したのち、イギリス軍など連合国軍がマラッカに進駐するまでの期間、軍事的な「空白」がありました。

そのとき、惨劇が引き起こされました。

マラッカ市に「治安」の名で駐屯していた日本軍の憲兵隊の小隊長らは、市街地で住民の若い指導者たちが戦後の貧者対策などを話し合っている、そのなかに「抗日ゲリラ」が含まれているとの情報を得ると、上官たちの制止をふり切って部下を指揮し、それら十数人の人々をとらえました。沖合10キロメートルの海上に浮かぶ小島に連れて行き、殺害しました。

連行途中、トラックから飛び降りたり、船から海に飛び込んだりして数人が逃げましたが、7人が憲兵に刺殺されて井戸に投げ込まれました。これが「九・五事件」と呼ばれる出来事です。

「殉難史誌」にはその7人の名前と当時の役職が丁寧に刻まれています。7人は殺されたとき28歳、37歳、34歳、35歳、31歳、35歳、37歳でした。

祖父が殺害された島が見えるマラッカ海峡の船着き場。リムさんは「祖父は泳げなかったから、逃げたくても逃げられなかったでしょう」。

憲兵小隊長らによる住民の逮捕・殺害は、日本降伏後の明白な違法行為、国際法違反です。この小隊長はＢＣ級裁判で戦犯として死刑判決を受けました。最後まで自分の犯した誤りを認めずに処刑されました。他にもう1人処刑されています。

■「碑に経緯を刻む」

「殉難史誌」は、「人民抗日軍は各民族の人前に姿を現し、各民族の人々に呼びかけ、人民委員会という組織を設立し、社会の治安を維持したり、失業している人たちを助けたり、日本軍が実施していた厳しい政策を廃止したり、民主主義の精神を発揚したりした」と記しています。

最後に「ああ、殉難者諸氏よ、尊敬すべき英魂は屈せず、ゆがまず、……きちんとことの経緯を書き、ここに碑を建立して刻むことで、忘れることのないようにした」と結んでいます。

（２０１７年9月2日付　山沢　猛）

(3) 補給無視し戦線拡大、兵の死6割が餓死――戦友をみとった河原井卓《かわらいたく》さん

アジア・太平洋戦争の終戦(1945年)から2016年8月15日で71年になります。日本の中国侵略から始まった先の戦争。アジアの人々など2000万人以上の命が奪われました。他方、日本の軍人・軍属の戦没者230万人のうち6割が餓死者でした。南方戦線に従軍した元兵士が語る無謀な侵略戦争の実態は――。

■弾も食糧も薬もない、あるのは死だけ

1941年、日本軍がアメリカのハワイやマレー半島を攻撃して開始したアジア・太平洋戦争。102歳の河原井卓さん=水戸市=は開戦直前、28歳で陸軍の補充兵として召集されました。

同年12月8日の開戦後、南方戦線の一つ、イギリス領マレー半島に送られました。物資輸送の任に就いた河原井さんがマレー半島に上陸(42年1月)したときは、すでに戦場と化していました。

「ヤシの木には無数の弾痕があり、民家は倒壊。ヤシ林の草むらには腐乱し始めた死体が悪臭を放っていた。物資輸送のトラックが死体を踏みつぶしながら疾走した。死体の多くはイギリス

領インド軍の兵士だった」

日本軍はイギリスの東南アジア支配の拠点だったシンガポールへと南進しました。

進軍中、河原井さんは中国系住民（華僑）のさらし首を見張りました。「日本軍は『抗日』とみなした華僑を捕まえ、徹底的に調べ上げて処刑。街のところどころにさらし首を並べたのです」

日本軍は42年2月、シンガポールを陥落させた直後、組織的に華僑を粛清・虐殺しました。占領の最大の目的は石油やゴムなどの資源を確保し、泥沼化していた中国との戦争を継続するためでした。

国策の陰で兵士の命は軽視されました。

「戦況が悪化すると、兵士らは爆弾を抱えて敵戦車に体当たりする肉弾戦の訓練をさせられた。命を捨てる訓練だった」といまでも憤る河原井さん。「敵の大部隊が迫るなか、武器も弾薬も、長期に耐え得る食糧の確保もなく、死以外、何もなかった」と振り返ります。

河原井卓さん

河原井さんら兵士たちは民家から食糧を奪ったり、自分たちで畑を耕したりしました。

補給無視の戦争をおこなう軍指導部。44年末頃、同じ部隊の友人・粕谷さんが赤痢に倒れました。「軍医も衛生兵もおらず、薬品の補給もない。かかったら最後。誰も寄りつかなかった」と河原井さん。

「助けてくれよ」という粕谷さんの悲痛な訴えに河原井さんは、感染死を覚悟のうえで、素手で血便を処理して粕谷さんの最期をみとりました。「つらくて泣いた」と語る河原井さんの目に涙がにじみました。「弾に当たって死ぬよりマラリアや赤痢で死ぬほうが多かった」と話します。

■誤った教育が強制

日本の軍部は「戦陣訓」で「生きて虜囚《りょしゅう》の辱《はずかし》めを受けず」と〝死を最高の名誉〟と教えました。河原井さんは「この誤った教育が悲惨な結果を招いた。兵士の死は犬死にであり、絶対服従の至上命令によって強制された死だ」と怒りを隠しません。

他方、「現地のやせ衰えた子どもが、兵士たちの洗い流す食器から出るわずかな飯粒を両手ですくって食べているのを目にし、胸を締めつけられた」と話します。

現在、「茨城県九条の会」呼びかけ人をしている河原井さん。「絶対に戦争はしないと決めた大事な9条を改めるなんて不謹慎も甚だしい。9条は人類の宝だ」と語ります。

（2016年8月14日付日曜版　本吉真希）

（4）壮絶な地上戦で居留日本人が犠牲に
——南洋戦訴訟原告団長の柳田虎一郎さん

「南の楽園」として人気のサイパンやパラオ。これらの南洋群島やフィリピン諸島の島々は、1945年8月15日に終結したアジア・太平洋戦争で、日米両軍の戦場となり、多くの日本の民間人が巻き込まれました。終戦から72年。悲惨な地上戦を生き抜いた体験者の語り尽くせない思いは——。

1　6歳の私は姉、妹と銃弾避け密林へ

柳田虎一郎さん（79）＝現在、那覇市在住＝は1940年頃、父親の転勤のため家族で静岡県から南洋群島のパラオ諸島へ移りました。

「きれいな島で野山もあって小鳥が多くて……。それもつかの間でした」

柳田虎一郎さん

米軍は44年3月末、日本軍の重要拠点だったパラオ諸島に空襲を

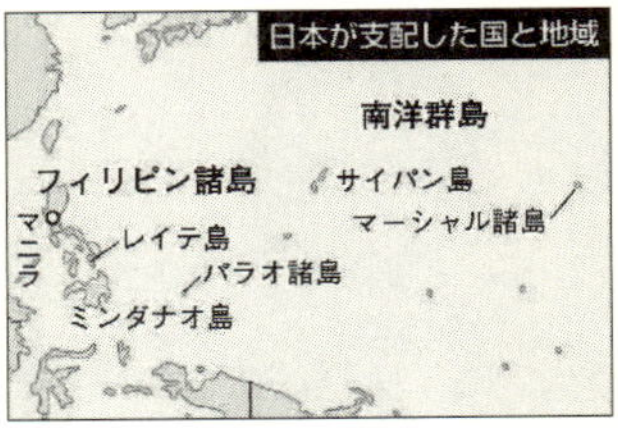

始めました。空襲が激しくなると、日本軍は邦人に島を離れるよう命令。柳田さんは現地召集された父を残し、身重の母と姉、2人の妹とともに日本に引き揚げるため、日本軍の艦船に乗りました。

ところがフィリピン沖で米軍の魚雷攻撃を受け、船は沈没。奇跡的に柳田さんの家族は救助され、同じように救助された日本兵や邦人とフィリピンのミンダナオ島にたどり着きました。

その後、兵士らは日本軍の車両で移動。残された女性や子どもたちは、米軍の艦砲射撃や機銃掃射のなか、山の奥へと逃げました。途中、柳田さんの母親は米軍の攻撃で妊娠している腹部に重傷を負いました。

「痛さをこらえながら、次女と三女の手を引いていた。おふくろのモンペは血で真っ赤に染まりよったです」

■母親亡くなり子どもだけで

近くの集落まで逃げ、母親は男児を出産。その3日後に母が、そのすぐ後に生まれたばかりの弟が息を引き取りました。弟は生後4日の短い命でした。

このとき柳田さんは6歳。母が亡くなるなか8歳の姉とともに妹2人を連れて、避難民の後に必死についてジャングルを逃げました。

避難民の間にマラリアが広がり、柳田さんも発症。治療のための注射の痕にウジがわきました。

　空腹を満たすため、ススキやミミズ、カエルも食べました。母が生前に持たせてくれた塩を川の泥に混ぜ、食べたりもしました。

　３歳の末の妹は食中毒を起こし、徐々に弱っていきました。思い余った柳田さんは里に下り、現地人の畑から作物を取るようになりました。

　ある日のことです。柳田さんは里から山に戻る途中、日本兵２人が日本人の女性の食糧を奪い取り、銃剣で刺して逃げていくのを目撃しました。柳田さんが駆け寄って声をかけると、女性は「ありがとう。ごめんね」といって亡くなりました。

「『ありがとう』は私に対して、『ごめんね』は山で待ってる家族にいったんじゃないでしょうか。このときのことはいつも夢に見ます」

　45年３月、ミンダナオ島に米軍が上陸。柳田さんたち避難民は捕虜となりました。同年末頃、日本へ引き揚げました。その船のなかで、末の妹は亡くなりました。

パラオで1941年頃に撮影した家族写真。右から２人目が柳田さん。戦後、親戚から写真を譲り受けた

■家族ちりぢり、帰国後も苦難

　帰国後も苦難は続きました。

　神奈川県の浦賀港に着き、きょうだい３人は浦賀の孤

児院に。約1年後に父親が復員し、家族で鹿児島に移りました。ところが闇市で生計を立てていた父が警察に捕まり、刑務所へ。3人は別々の里親に引き取られました。そうするしか生きる道がなかったからです。

柳田さんは奄美大島の農家に預けられ「着いてから3日間は畳の上で寝ました。4日目からは馬小屋の屋根裏で寝ました」。一日中、家畜に与える草を刈り続けました。

1年がすぎ、沖縄で職を得た父親が柳田さんを迎えにきました。しかし父親はがんになり、柳田さんは一人で父をみとりました。

父亡き後、柳田さんは戦争の被害を認めるよう、15歳のときから旧厚生省に手紙を出し続けました。しかし同省は長い間その願いに答えず、2008年に突然、銀杯を送ってきました。

柳田さんは「銀杯は返すので、両親ときょうだいを返してくれ」と厚生労働省に手紙を書き、銀杯を送り返しました。「国が家族の人生を狂わせた。戦争を起こして国民に悲しい思いをさせといて、責任を取らないのは本当に卑怯《ひきょう》です」

柳田さんは沖縄県内の小学校で語り部の活動をしています。

「生きてる間は続けたい。戦争の惨めさ、つらさ、悲しさをわかってもらいたい」

2　フィリピン人の犠牲者1111万人、マニラ市街戦で10万人

日本の中国侵略から始まった先の戦争では、アジア・太平洋地域で2000万人以上の人々が

犠牲になりました。

フィリピンでは開戦に伴う日本軍の侵攻（１９４１年12月）と、レイテ戦（44年10月）から終戦までの日米戦で、約１１１万人のフィリピン人が死亡（フィリピン政府推計）しました。とくに45年２月のマニラ市街戦では10万人が亡くなったとされています。日本軍による幼児を含む住民虐殺やレイプが横行し、病院や教会なども破壊されました。

当時、日本軍の大隊は次のような命令を発しました。その内容は、フィリピン人を殺すときは１カ所に集め、弾薬や人力を過度に消耗しないこと。死体処置は焼くか、破壊予定の建物にフィリピン人を集めるか、河の中に誘導せよ――などでした。（『日本の原爆記録２』日本図書センター）

厚生労働省によると、フィリピンでの日本人の戦没者（概数）は51万８０００人。中部太平洋（南洋群島）は24万７０００人に上りました。

３　国策移住者、見捨てた大本営　国に被害者救済の責任

――南洋戦訴訟弁護団長（弁護士）瑞慶山《ずけやま》茂さん

南洋やフィリピンの諸島は本土防衛の第一の「防波堤」とされました。その結果、沖縄戦同様、日米の壮絶な地上戦に住民が巻き込まれました。二つの諸島をあわせて推計２万５０００人の沖縄県出身者が命を失いました。

■大半が沖縄県民

なぜ多くの沖縄県民が犠牲になったのか。

南洋群島は第1次世界大戦後に日本の委任統治領となりました。そのため約10万人の日本人が国策で移住。その大半が沖縄県民でした。日本がアジア・太平洋戦争の開戦後に占領したフィリピン諸島にも、多くの日本人が移住していました。

私の両親も沖縄からパラオに移住し、そこで1943年に私が生まれました。米軍の空襲が始まり、私が1歳のとき船で避難しました。その船が転覆。私はおふくろに抱えられて漂流しているところを救助されました。3歳の姉は水死しました。

南洋・フィリピン戦の被害者ら45人は2013年8月15日、日本政府に謝罪と償い、永久平和を求め、那覇地裁に提訴しました。しかし政府は、事実の認否さえしていません。

政府は被害の実態について詳細な調査をしていません。「戦争被害は国民が等しく受忍しなければならない」と主張し、大部分の民間戦争被害者に救済措置を講じていません。

戦時中は大本営（天皇直属の戦争指導機関）が住民と兵士を見捨てました。米軍がサイパンに上陸（44年6月）すると、大本営はサイパン島の放棄を決定し、軍事支援策を全面的に停止しました。この重大決定は日本の現地軍と国民に知らされませんでした。

その結果、日本軍は玉砕突撃をおこなって全滅。少なくない日本人住民は追いつめられ、サイパン島北部のマッピ岬で投身しました。

■「集団自決」強制

日本軍による自国民への残虐非道な行為もありました。日本軍は日本人住民に手榴弾を渡すなどして玉砕や「集団自決」を強制しました。避難先の壕《ごう》からも日本人住民を追い出したため、米軍の砲弾で多数の住民が死亡・負傷しました。

恐怖と絶望のなかで、身体的障害やＰＴＳＤ（心的外傷後ストレス障害）に苦しんでいる被害者は多くいます。戦争は最大の基本的人権の侵害です。政府には人権の回復措置を取る義務があります。

日本は南洋やフィリピン諸島の人たちを「三等国民」などと差別し、壊滅的な被害を与えました。これらの人たちへの救済も必要です。

（２０１７年８月13日付日曜版　本吉真希）

六　関東大震災時の朝鮮人虐殺と亀戸事件
――軍・警察、扇動された自警団が実行

1923年9月1日に発生した関東大震災の時に、軍隊、警察、自警団などによる朝鮮人の虐殺が発生しました。ところが、自民党の古賀俊昭東京都議が17年3月の都議会で、虐殺は〝防衛〟であったとか、被害者の数の根拠が希薄であると主張。これを受けて小池百合子都知事が、歴代の都知事が出してきた関東大震災朝鮮人犠牲者追悼式典への追悼の辞を出さないと表明しました（※）。朝鮮人虐殺の原因と実態はどのようなものだったのでしょうか。

■東京や横浜で中国人も虐殺

政府は当時、9月2日に戒厳令をほぼ現在の東京23区の範囲で施行し、その後、3日に東京全域と神奈川県、4日に千葉県と埼玉県と順次拡大しました。戒厳令は軍隊が治安確保の役割を担いました。実弾を装備し東京に乗り込んだのは、千葉県に駐屯していた騎兵と重砲兵の連隊でした。震災当初、彼らは警察や自警団と一緒になって「朝鮮人狩り」に奔走しました。

「朝鮮人が井戸に毒を入れた」「放火した」「暴動を起こした」などの流言が早くも1日夕方から流されました。しかし、軍隊や警察は「不逞《ふてい》」を働く朝鮮人の集団を発見できませんでした。

震災後、朝鮮人青年たちが被災者を「慰問」するという名目で虐殺の調査をおこない、犠牲者は６０００人余りという調査結果を残しました。これは推定を伴った調査によるもので、最近の研究では数千人といわれます。

「犠牲者数を厳密に確定するのが難しいのは、遺体が隠されたり、調査を妨害されたためです。本来政府がやるべきことを、地域で証言を集め事実がわかりました。虐殺への軍隊の関わりは戒厳司令部の内部資料にもあります。政府は責任を認めて調査すべきです」。こう語るのは専修大学の田中正敬《まさたか》教授。関東大震災朝鮮人虐殺の国家責任を問う会事務局長も務めます。

中国人の虐殺は生存者の証言によると、現東京都江東区にあった大島町や横浜での犠牲者が多く、江東区だけで名前の分かった犠牲者数は６００人に上るといいます。

東京府下の亀戸警察署で社会主義者らが殺された亀戸事件が起きました。９月３日に震災の救援活動に参加していた南葛労働会の川合義虎《かわいよしとら》（日本共産青年同盟初代委員長）ら８人と、平沢計七《ひらさわけいしち》ら２人が亀戸署に捕らえられ、翌４日夜半、習志野騎兵第13連隊の手で殺されました。川合らと労働争議をめぐり対立していた警察と、軍隊が合議の上で殺害したものです。

９月16日になって無政府主義者の大杉栄が妻・伊藤野枝《のえ》やおいとともに、甘粕正彦《あまかすまさひこ》憲兵大尉に殺害されました。

■内務省指令で自警団組織

朝鮮人虐殺には内務省が関わっていました。内務省は警察や地方行政を管轄する官庁で、９月

3日朝、警保局長名で全国の県知事宛てに海軍の船橋無線送信所から電文を送りました。「朝鮮人は各地に放火し」「爆弾を所持し」ている者もいるので、「東京府下には、一部戒厳令を施行した」、各地では「鮮人の行動に対しては厳密な取締を加へられたし」という、全国で朝鮮人の取り締まりをせよという指令でした。

これをうけて各県庁から町村の役場に指令し民間組織の自警団をつくらせました。

埼玉や群馬では内務省の指示や新聞の流言報道のなかで各町村に自警団が組織されました。自警団は、警察が朝鮮人を群馬県方面に送った中山道筋《なかせんどう》や、朝鮮人が収容された警察署に押しよせ朝鮮人を襲いました。両県の各地で事件が確認されており、犠牲者数は埼玉で200人以上、群馬では20人近くという調査があります。

のちに虐殺を担った自警団の人物が裁判にかけられましたが、代表者のみで情状酌量による軽い刑で終わりました。軍事法廷にかけられた甘粕大尉以外、軍隊と警察は裁判にもなりませんでした。

同年12月、当時の帝国議会で無所属の田淵豊吉議員が、政府が議会に報告しないことを批判、「千人以上の人が殺された大事件を不問にしてよいのか、朝鮮人であるからよいという考えなのか、われわれは悪いことをしたら謝罪するのが礼儀だと思う」と追及しました。山本権兵衛首相は「政府は目下取り調べ進行中」とのべただけでその後あいまいにしてしまいました。

内閣府のもとに設置された中央防災会議の「災害教訓の継承に関する専門調査会」が2008年3月にまとめた「1923　関東大震災報告書【第2編】」は、虐殺の背景を「日本が朝鮮を支配し、その植民地支配に対する抵抗運動に直面して恐怖感を抱いていたこと」と「(朝鮮人への)無理解と民族的差別意識」を指摘し、「反省が必要」と述べています。

田中教授は「日本の対外戦争が朝鮮人への差別意識を高めていきました。日清戦争も日露戦争も朝鮮を戦場にしています。その過程で、朝鮮人に対する迫害と殺戮を繰り返します。その経験を通じて差別意識が強まっていきました」と語ります。

最新の研究は、虐殺された朝鮮人は数千人だとしています。中央防災会議の報告書は、正確な被害者数がつかめないとしながら、「(震災の)死傷者の1～数パーセントにあたり、人的な損失として軽視できない」と記しています。さらに、虐殺について「大規模災害時に発生した最悪の事態」と述べています。

虐殺された朝鮮人犠牲者の追悼式典
＝17年9月1日、東京都墨田区

■事件未解決、国は謝罪を

戦後、在日韓国・朝鮮人や日本人の手により、各地で犠牲者の追悼行事がおこなわれるようになりました。しかし、市民の努力にもかかわらず、いまだに犠牲者の名前さえほとんどわかっていません。

田中氏は「それは政府自身が流言を広げ、軍や警察が朝鮮人を虐殺し、その責任を追及されるのを恐れて事件を隠蔽したからです。この事件は未解決であり、国家は自らの責任を認めて遺族に謝罪し、隠された真相を明らかにすべきです」といいます。

「この事件では朝鮮人以外に、中国人、日本人も殺されました。事件の性格は民族問題ですが、普遍的な人権の問題でもあります。災害時はできるかぎり多くの人命を助けるという基本から出発しないと関東大震災時のようなことがまた起こりかねない」といいます。

※小池都知事の発言＝東京都墨田区で２０１７年9月1日におこなわれた関東大震災の朝鮮人犠牲者追悼式典に、小池百合子都知事が追悼文を送らなかった問題で、小池知事は同日の定例会見で朝鮮人虐殺があったという事実について認識を問われたのに対し、「歴史家がひもとくもの」と述べるにとどめ、虐殺の事実があったことを認めませんでした。１９２３年の関東大震災の時に「朝鮮人が井戸に毒を流した」などの流言が広げられ、軍や警察などが数千人といわれる朝鮮人、中国人らを虐殺しました。日朝協会東京都連合会などでつくる実行委員会は、虐殺の犠牲者を悼み、二度と繰り返さないために、73年以来、墨田区の都立横網町公園で毎年追悼式典をおこなってきました。式典には歴代知事が追悼文を送っていましたが、小池知事は追悼文を送らず、主催者や都民から「追悼文を送らないことは虐殺の歴史を否定することにつながる」と批判が起きています。

（２０１６年9月2日付　山沢　猛、17年9月2日付　若林　明）

七　強制連行と戦後補償など

（1）中国人強制連行――謝罪し、「次世代に事実伝える」

1　三菱マテリアルと被害者が和解

アジア・太平洋戦争中、日本政府は労働力不足を補うために中国人や朝鮮人を強制的に連れてきて、日本企業の炭鉱や建設現場などで過酷な労働を強いました（※）。その数は中国人だけでも約4万人。2016年6月、中国人を強制的に働かせた加害企業の一つ、三菱マテリアルが中国人被害者と和解しました。被害者の思いは――。

■1団体は拒否

大手金属メーカー・三菱マテリアル（本社・東京）は6月1日、中国の元労働者（労工）らと

中国人強制連行・強制労働　全国135事業場　▒▒は旧三菱鉱業の関連事業場（下請け含む）

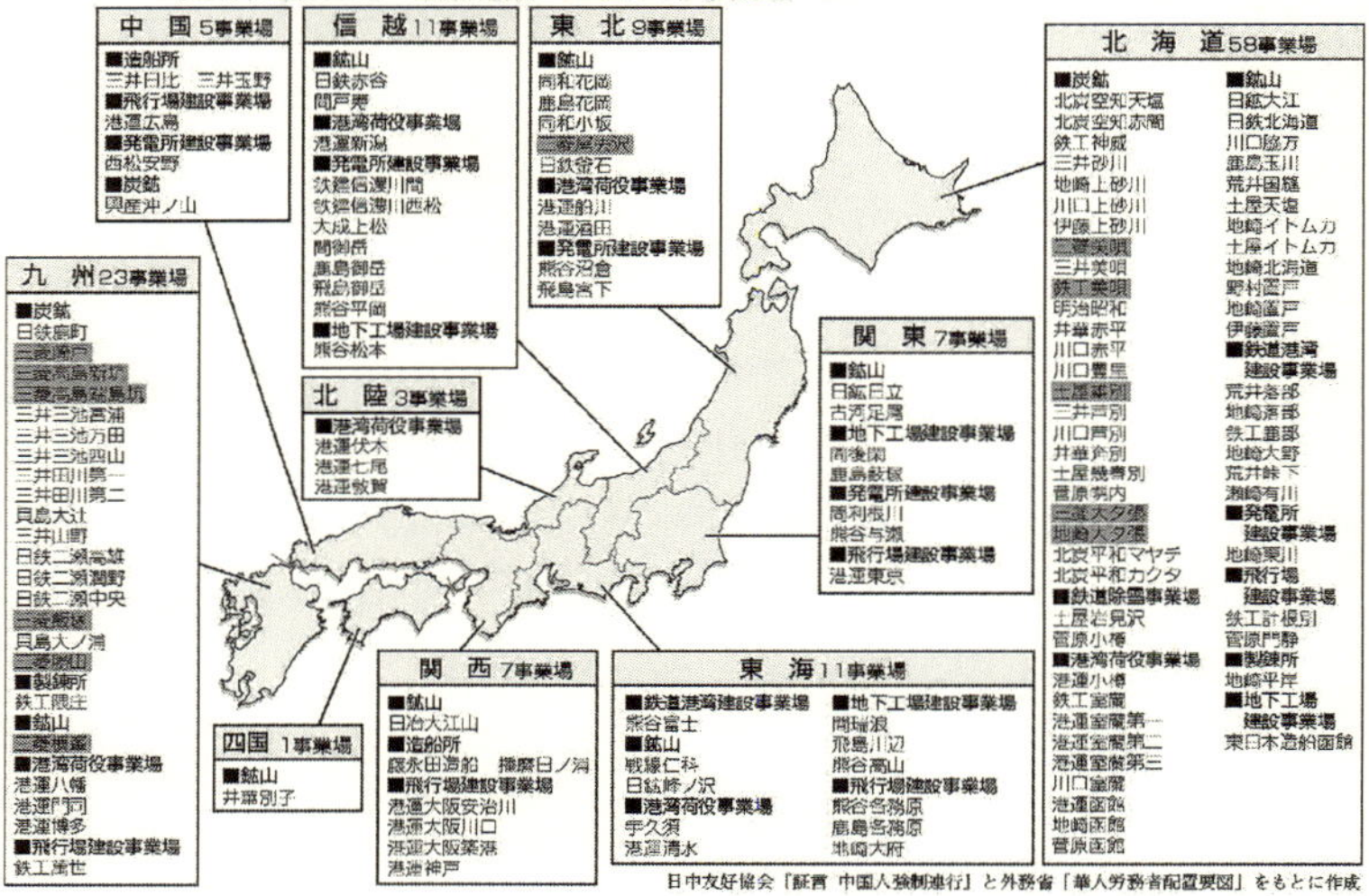

日中友好協会『証言　中国人強制連行』と外務省「華人労務者配置要図」をもとに作成

北京で和解しました。三菱側が被害者1人あたり10万元（約170万円）を支払います。

〈和解の骨子〉

▼人権侵害の事実と歴史的責任を認め、深く謝罪

▼謝罪の証しとして被害者1人あたり10万元を支払う

▼旧三菱鉱業の事業所跡地に記念碑を建て、追悼事業を行う

▼所在が未判明の元労働者の調査を行う

▼和解事業を行うための基金を設立する

和解にあたり同社は「謝罪文言」を発表しました。「人権が侵害された歴史的事実を率直かつ誠実に認め、痛切なる反省の意」を表明。「重大なる苦痛及び損害を被った」ことに対し「歴史的責任を認め」「深甚なる謝罪」の意を表しました。

また「二度と過去の過ちを繰り返さないた

めに、記念碑の建立に協力し、この事実を次の世代に伝えていくことを約束」しました。

和解の対象となったのは三菱マテリアルの前身、三菱鉱業（当時＝炭鉱・金属鉱業）の下請けを含む関係の事業場で働かされた中国人元労働者3765人です。その数は日本国内へ強制連行された中国人の約10％にあたり、人数としては最大規模。三菱側は既に11人の労工本人に支払ったとされています。

被害者・遺族の6団体のうち、5団体が和解を受け入れ、残る1団体は謝罪文などに不満があるとして拒否しました。

※中国人強制連行・強制労働＝外務省の「華人労務者就労事情調査報告書」（1946年）によると、アジア・太平洋戦争中、3万8935人の中国人が強制連行されました。35企業が経営する135事業場（炭鉱、港湾、発電所など）で重労働を強いられました。6834人（59年、厚生省）が病気や落盤などの事故で命を落としました。

2　誠意ある謝罪と賠償を

■そまつな食事でいつも空腹／元労働者として和解の調印式に出席した閻玉成《えんぎょくせい》さん（86）

１９４４年7月、14歳の時に故郷の河北省秦皇島《しんこうとう》市の村で日本軍に捕まりました。福岡県飯塚市の三菱飯塚炭鉱で約１年働かされました。

石炭掘りから荷物運びまで何でもやりました。休日はなく、毎日10時間以上働きました。１日３回の食事は、小さなマントウ（中国式蒸しパン）が二つだけ。いつも腹ペコでした。過酷な労働で、多くの人が過労や病気で亡くなりました。同じ船で連れてこられた１８９人のうち、23人が犠牲になりました。

45年12月にようやく帰国できました。母親は一人っ子の私が突然いなくなったので、あちこち捜し回ったあげく、ショックで精神病になっていました。母の心の傷は亡くなるまで消えませんでした。

三菱マテリアルは今回、歴史的事実を認めたので、私は和解を受け入れることにしました。しかし、満足しているわけではありません。われわれは強制連行問題での日本政府の責任を追及し続けていきます。他の日本の加害企業も事実を認め、被害者との和解に積極的になってほしいです。（安徽《あんき》省・淮南《わいなん》）

■一日中殴られ同胞は死んだ／裁判を通じて解決を求める劉仕礼《りゅうしれい》さん（90）

44年8月に河北省唐山《とうざん》市の灤《らん》県で日本軍に捕まり、北海道の三菱美唄《びばい》炭鉱に連れてこられました。中国人300人が宿舎に入れられ、100人ずつ3班に分けられました。私は第3班に所属し、「73番」と番号で呼ばれました。

炭鉱での仕事はきつく、毎日12時間、1日の休みもなく働かされました。1日3回の食事はトウモロコシとジャガイモ、カボチャを混ぜて作ったマントウ二つ。皆やせて骨と皮だけになりました。

冬でも薄い服しかありません。300人のうち30人以上が栄養失調や過労で死にました。

中国人は「苦力《クーリー》」、奴隷のようなもので、日本人の監督官の態度は横柄で「将校」のようでした。冬のある日、逃げようとして捕まった楊さんが、裸で縛られて、みせしめとして皆の前で棒で殴られました。殴り疲れると中国人に殴らせました。一日中殴られた楊さんは痛さで苦しみながら翌日亡くなりました。「将校」のような態度での和解は受け入れることはできません。金額が問題なのではなく、日本政府と加害企業による誠意ある謝罪と賠償が必要です。裁判を通じて、正義を取り戻したい。（河北省・唐山）

■晩年までの苦しみに謝罪を／亡父が北海道へ強制連行された潘英《はんえい》さん（59）

父の潘景秀（2008年に89歳で死去）は、44年7月に河北省唐山市の灤県の炭鉱に出勤する途中で日本軍に捕まりました。天津《てんしん》の港で逃げようとしたときに左ももを銃で撃たれ、傷痕が残りました。

北海道の三菱美唄炭鉱で働かされ、寒さでリウマチになりました。晩年は関節痛などに苦しみました。6月末に北京市第一中級人民法院（地裁）に提訴しましたが、日本側の誠意ある謝罪と賠償を求めていきます。（河北省・唐山）

3　政府の責任で全面解決を

――中国人強制連行・強制労働事件全国弁護団幹事長、弁護士の松岡肇さん

三菱マテリアルは人権侵害を明確に認め、謝罪しました。過去3例の和解がありますが、人権侵害に踏み込んで責任を認めたのは初めてです。

与党の国会議員のなかにさえ、日中両国の関係改善のため「和解を生かし、解決していくべきだ」という意見があります。今回の和解の成立は、日本と中国に真の歴史和解を実現させる貴重な道筋です。

そもそも中国人の強制連行・強制労働事件は、外務省自らが作成した報告書があり、全く争えない事実です。

1995年から日本各地で15の賠償請求訴訟がたたかわれました。最高裁判所は2007年、西松建設事件に関し日中共同声明（72年）で原告側が裁判上の請求権を失ったとして、被害者側

の賠償請求を退けました。

しかしそのなかでは、国を含む関係者による「被害者救済に向けた努力が期待される」と付言しました。事実はすべての裁判所が認定しています。

政府は日中共同声明で「解決済み」とする姿勢をいまだに崩していません。しかし今回の和解を機に、政府の主導と責任で加害企業はもちろん、経済団体などの参加も得て、被害労工約４万人を対象とする全面解決にのりだすべきです。

ナチスが東欧の人たちを強制労働させたドイツでは、政府と企業が拠出する「記憶・責任・未来基金」を設立し（２０００年）、被害者に補償金を支払ってきました。

私たち弁護団はこの基金に学び、全面解決構想を提言（04年）しています。提言は日本政府と企業が責任を認めて謝罪し、その証しとして基金を設立し、その基金を生存労工または遺族に対する謝罪金のほか、事件の調査・研究・教育などにあてるとしています。

＊まつおか・はじめ＝１９３１年生まれ。99年から中国人強制連行・強制労働事件福岡訴訟にとりくみ、和解に尽力する。著書に『日中歴史和解への道』（高文研）

（２０１６年9月11日付日曜版　本吉真希、中国で小林拓也）

（2）日本の戦争責任を負わされた韓国人
――死刑判決受けた元BC級戦犯の李鶴来《イハンネ》さん

日本軍のBC級戦犯として日本の戦争責任を負わされた在日韓国人の李鶴来さん（91）＝東京都＝。李さんの人生からみえてくるものは……。

■戦中は「日本人」にされ軍隊へ

李さんは1925年2月、現在の韓国南西部の山村に生まれました。「日本が祖国をのみ込んだ」と李さんがいう「韓国併合」（10年）から15年後です。

朝鮮半島を中国侵略の「兵站《へいたん》基地」と位置づけた日本。中国への侵略を全面化させると、朝鮮での「皇民化政策」（強制的な日本人化政策）を一層強めました。

日本は41年12月、アジア・太平洋戦争に突入し、東南アジアで連合国の捕虜を大量に抱えました。そのため、朝鮮と台湾から「捕虜監視員」の募集を決めました。（42年5月）

人数を割り当てられた村役場は、当時17歳の李さんに試験を受けるよういいました。実質的な強制徴用でした。

42年6月には3000人を超える朝鮮人が「日本人」の軍属として日本軍に入隊。李さんは

「創氏改名」で変えられた「広村」という名で、タイの捕虜収容所に送られました。捕虜たちは、日本軍がビルマ（現ミャンマー）への補給路確保のためにつくった泰緬《たいめん》鉄道の建設に使役されました。

「病気の捕虜も派遣しなければいけなかった」と李さん。劣悪な環境と重労働でオーストラリアなどの捕虜が多数亡くなりました。

■終戦喜ぶが戦後は補償の対象外に

李さんは45年8月、タイで終戦を迎えました。「早く国に帰りたい」と解放を喜んだのもつかの間、連合国から「捕虜虐待」の容疑でＢＣ級戦犯裁判にかけられました。

シンガポールの戦犯裁判で死刑判決を受け「頭が真っ白に」。８カ月後に減刑となり、巣鴨プリズンへ送還され、56年に出所できました。しかし、李さんらを「日本の協力者」と非難する故郷には帰ることができませんでした。日本の篤志家の助けで仲間とタクシー会社を起こし、必死に生きてきました。

李鶴来さん

李さんらは「日本人」として動員されたにもかかわらず、「日本人」であれば受けられる援護や補償から一切排除されました。52年にサンフランシスコ講和条約が発効すると、朝鮮や台湾の人たちは日本国籍を剥奪され「外国人」となったからです。

「日本政府は都合のいいときは『日本人』として私たちを利用

泰緬鉄道の現場で一緒に働いた朝鮮人捕虜の監視員。
左端が李鶴来さん（「同進会を応援する会」提供）

したのに、援護や補償の対象外。あまりにも不条理です」

「日本人戦犯」として死刑になった林永俊《イムヨンジュン》さんは死刑執行の前、李さんに「ハヤシという人間がそんなに悪い人間ではなかったことを知らせてください」と言い残しました。

この言葉はいまも李さんの胸に残ります。「日本人戦犯は国のために死んでいくんだという諦めがあったが、私たちにはそれもない」。李さんは「一体誰のために、何のために」と問い続けます。

李さんは60年以上、日本政府に不条理を正すよう求めてきました。国会議員を訪ね、要請を続けています。

「死んだ仲間の名誉を回復し、無念を晴らしたい。それが生き残った私の責務です」

（2016年5月22日付日曜版　本吉真希）

II部　加害と被害の歴史を見つめて

一　沖縄戦の悲劇

(1)沖縄戦、PTSD＝心的外傷後ストレス障害いまも

１９４５年3月26日、米軍が沖縄県の慶良間《けらま》諸島に上陸しました。住民を巻き込む凄惨《せいさん》な地上戦となった沖縄戦。米軍の攻撃、日本軍による虐殺、「集団自決（強制集団死）」などで県民の４人に１人が犠牲になりました。生き残った人たちは72年たったいまも、ＰＴＳＤ（心的外傷後ストレス障害）に苦しんでいます。

1　「集団自決」で家族6人失った／金城《きんじょう》恵美子さん(85)

「一人になると戦争のことしか考えない。毎日いつも涙して……」

心に沖縄戦の痛みを抱えながら戦後を生きてきた金城恵美子さん＝南城市＝。毎日がＰＴＳＤとのたたかいです。

13歳のとき、渡嘉敷《とかしき》島の「集団自決」で母と5人の弟妹を失いました。末の弟は1歳でした。当時16歳だった姉は「自決」が始まると、後ろからいきなり首を絞められ、背中から刺されました。刺し傷は胸に突き抜けるほど。２００６年に亡くなるまで姉は、このときの胸の傷害で、精神的肉体的苦痛に苦しめられました。

渡嘉敷島は45年3月23日からの米軍による空襲や焼夷弾爆撃、艦砲射撃で、集落や山が激しく燃えました。

米軍は4日後の同27日午前から島への上陸を開始。日本軍は島の北側の北山《にし》を中心に陣地を構築しました。

金城さんは父親が沖縄防衛隊に召集されていたため、母子だけで避難しました。「強い雨のなか、山中を夜通し歩いて北山に移動させられた」と証言します。日本軍部隊が住民の避難場所について「陣地北方の盆地に避難するように指示」（『沖縄方面陸軍作戦』防衛庁防衛研修所戦史室著）していたからです。

金城恵美子さん

翌28日朝、金城さん一家が北山に着くと、すでに多数の住民が集結。家族ごとに日本軍の手榴弾《しゅりゅうだん》が配られましたが、なぜか、母子だけで移動してきた金城さん一家には配られませんでした。

敵が迫ってくるとの情報が入り、住民たちは口々に「天皇陛下万歳」と叫び、「自決」しました。「あちこちで爆発音と悲鳴

米軍の捕虜になった座間味の住民
＝1945年３月27日（沖縄県平和祈念資料館提供）

が響き、騒然となった」と金城さん。自身も「死ぬ覚悟でした」が、近くにいた女性に声をかけられ、その場から逃げて助かりました。

日本軍が強制し、家族が殺し合った「集団自決」。

「日本軍がいなかったら『自決』する理由は何もない。国は責任を取ってほしい」

金城さんは「姉の無念を晴らしたい」と今年（２０１７年）２月、沖縄戦民間被害に対する国の謝罪と賠償を求めた「沖縄戦被害・国家賠償訴訟」の控訴審に証人として出席し、当時の状況を語りました。

２　米日両軍から恐怖の板挟み――「捨て石」にされた住民９万４０００人

米軍は45年３月23日、沖縄本島の西方約40キロの慶良間諸島に、空襲や艦砲射撃を開始しました。同26日に阿嘉《あか》、慶留間《げるま》、座間味《ざまみ》などの各島に、同27日には渡嘉敷島に上陸しました。

4月1日には沖縄本島に上陸。激しい砲爆撃が容赦なく住民に降りそそぎ「鉄の暴風」と呼ばれました。日本政府は本土防衛と「国体護持」（天皇制存続）のため、沖縄を「捨て石」にしました。

沖縄守備軍は、一般男性や中等学校の男女生徒を防衛隊や学徒隊として根こそぎ動員。住民の食糧を強奪し、泣きやまない乳幼児を殺害しました。

9月7日、沖縄守備軍が降伏調印し、沖縄戦は正式に終結しました。日米の死者は20万人を超え、うち一般住民9万4000人が犠牲になりました。

■日本軍のいなかった前島――米軍に投降、犠牲なし

慶良間諸島の米軍侵攻略図

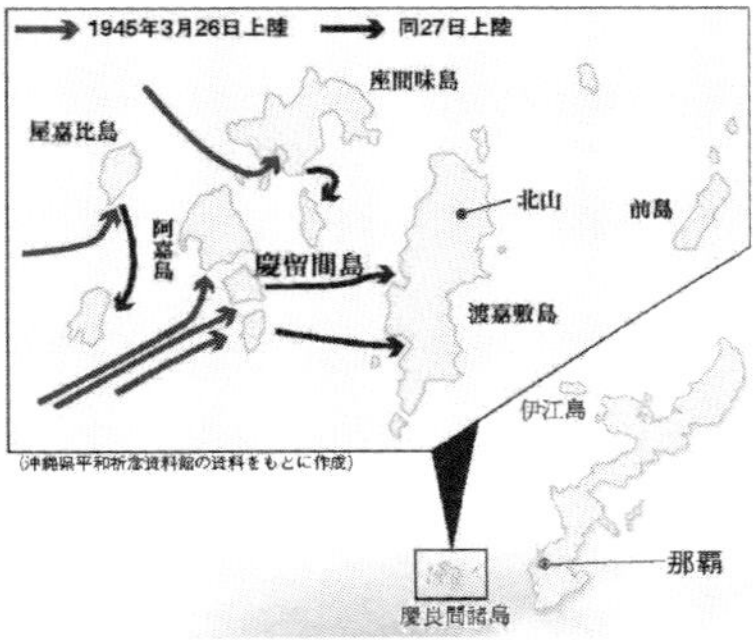

（沖縄県平和祈念資料館の資料をもとに作成）

「集団自決」は日本軍に強制された「集団死」でした。

沖縄守備軍（第32軍）は「軍官民共生共死の一体化」を作戦の基本方針（44年）とし、住民に「死」を強要しました。さらに同軍は住民に対し「米軍の捕虜になれば、女は強姦されて殺され、男は股裂きにされて戦車でひき殺される」と恐怖を植えつけ、生きる道を閉ざしたのです。

日本軍と住民が混在していた地域や島で「集団自決」は起きました。最大の犠牲を出したのは激戦地の本島中・南部や伊江島。慶良間諸島の渡嘉敷、座間味、慶留間、屋嘉比《やかび》の各

島でも発生しました。

日本軍のいなかった前島などでは米軍の上陸後、住民が集団で投降し、犠牲者は出ませんでした。

３　沖縄戦体験者の４割に深刻なトラウマ

——精神科医・福島県相馬市メンタルクリニックなごみ院長の蟻塚《ありつか》亮二《りょうじ》さん

私は２００４年から13年春まで、沖縄協同病院の心療内科で診療をしました。そのとき〝奇妙な不眠〟を訴える患者さんを立て続けにみました。

不眠には、眠りに入れない「入眠困難」と夜中に目が覚める「中途覚醒」があります。しかし沖縄の高齢者たちが訴えるのは、夜中に何度も目が覚める不規則な不眠でした。

一人ひとりに沖縄戦の体験を尋ねると、みな凄惨な記憶を語り出しました。睡眠中も「いつ殺されるか」という戦時の緊張状態にあるため、頻繁に覚醒を繰り返す過覚醒不眠になっていたのです。

12年４月から約１年間、沖縄戦の体験者に聞き取り調査をおこないました。４０１人中39・３％が深刻なトラウマ（心の傷）を抱え、すでにＰＴＳＤを発症していたり、今後発症する可能性があるとわかりました。

沖縄には６月23日の「慰霊の日」やお盆のころ、うつ状態に陥ったり、眠れなくなったりする高齢者が多数います。

■70年以上も

診察で金城恵美子さん（１０６ジで紹介）は、山の形を見ただけで「集団自決」の現場を思い出して苦しくなると語っていました。重症のＰＴＳＤが70年以上も続いているとみています。いまにも倒れるんじゃないかと心配したほどです。

別の女性は72歳のとき、一人息子を亡くしたのを契機に、不眠や幻聴に襲われました。眠っているときに足を触られるという幻覚、死体のにおいのフラッシュバック……。下半身に力が入らず、歩けなくなりました。

女性は沖縄戦の米軍の艦砲射撃のなか、死体を踏んで逃げた体験があります。そのときのトラウマが「歩けない」という身体化障害を引き起こしたのです。

片隅に追いやられていた戦時の記憶は、近親者の死や環境の変化、老後一線を退いたときなどに暴れ出します。

■米軍事件で

沖縄戦は、住民の生活の場が戦場となりました。想像してみてください。自分の住む町に砲弾が飛んできて、人がバタバタと倒れ、「鬼畜」と恐れていた米軍が迫ってくるんです。一方「友軍」のはずの日本軍にも壕を追い出されました。方言が理解できないからとスパイ扱いされて殺された人もいました。

住民は絶えず、米軍と日本軍という二つの恐怖の板挟みとなっていました。それがＰＴＳＤの発症率を高めたとみています。

沖縄の人たちは戦後も、米軍統治下で生活の場を奪われました。繰り返される米軍の事件・事故や軍用機の爆音によって、心の傷のかさぶたは剝がされます。傷がいつまでも癒えません。沖縄戦の記憶が現在進行形で心を攻めてくるんです。

■南スーダンから帰還自衛隊員も

蟻塚さんは、17年2月に設立された「海外派遣自衛官と家族の健康を考える会」の共同代表を務め、自衛隊員と家族に医療支援をおこなう活動を始めました。

安倍晋三政権は、南スーダンＰＫＯ（国連平和維持活動）に派兵している陸上自衛隊を5月末に撤収させることを決めました。蟻塚さんは帰還兵に自殺者が出ないか、危機感をもっています。

「帰国したお父さんや息子の様子がおかしいと感じたら、家族だけでなく友人や地域の人たちが、ＰＴＳＤじゃないかと気づいてあげてほしい」

（２０１７年3月26日付日曜版　本吉真希）

(2) 1944年「10・10空襲」
――沖縄戦被害・国賠訴訟原告団団長の野里千恵子さん

「10・10空襲」は午前6時40分の第一波から、午後3時45分の第5波まで波状的に続きました。のべ1396機の米軍艦載機が南西諸島を襲い、軍民の区別なく爆弾や焼夷弾を投下。「次の日まで炎々と燃え続け」(『沖縄方面陸軍作戦』)ました。

10・10空襲時の那覇港および旧那覇市街
＝1944年10月10日(沖縄県公文書館提供)

体験者は「前の飛行機が焼夷弾(を)投下すると、後についている2機が左右から機銃掃射」「道の真ん中で17、18歳くらいの娘が母親の死がいにとりつき泣き崩れている」と証言しています。(那覇市の資料などによる)

軍人・軍属の戦死者は第32軍の関係部隊で136人、海軍部隊で82人。陸軍関係の人夫は約120人でした。

一方、民間被害者は死亡330人、負傷455

野里千恵子さん

人に上りました。主食の米は県民生活の1カ月分が失われました。1カ月後の11月18日、32軍は「軍官民共生共死の一体化」を指示。これにより住民はスパイ視され、投降も許されず、軍命で住民同士が殺しあう形となった「集団自決」につながりました。

■燃える那覇、父の指示で北部へ避難

当時8歳だった野里千恵子さん（80）は朝食を終え、学校へ行く支度をしていました。空襲警報に気がつきませんでした。爆音の異変を感じたのは母親でした。「お父さん、きょうの飛行機の音、おかしいよ」

少しすると爆撃音が聞こえ、父親が自宅の屋根に上ると、すぐ近くの那覇港が黒煙を上げ始めました。父は「危ないぞ！　防空壕に入れ！」と指示。野里さんは両親、2人の弟と庭先の防空壕に避難しました。

「すさまじい爆撃音で怖さしかなかった」と野里さん。防空壕にじっと身を潜めていました。

攻撃がやみ、父以外の4人で4キロ東に住む知人を頼って避難しました。母が4歳の弟を背負い、野里さんが6歳の弟の手を引き、燃える那覇港を背に逃げました。「炎天下の照りつける太陽がきつかった」と振り返ります。

避難先に着いてしばらくすると空襲警報が鳴り、再び防空壕へ。爆撃が収まり、夕方、外に出ると真っ赤に焼けた那覇の街が見えました。夕日も大きく真っ赤でした。野里さんはつぶやきま

した。

「太陽まで燃やしてしまったんだね」

数日後、父の指示で本島北部へ避難しました。

「私の沖縄戦はこのときから始まった」と野里さんは振り返ります。

翌45年4月、沖縄本島へ米軍が上陸。その後は山から山への逃避行でした。家族がはぐれたり、崖から落ちないよう、母親は互いの腰を帯でつなぎました。目の前さえ見えない真っ暗な闇夜のなか、必死で歩きました。

日本軍の防衛隊員だった父はいまも行方不明です。山ではぐれた叔父も行方不明になり「日本軍か米軍に殺されたのでは」と野里さんは話します。

近くに住んでいた祖母は10・10空襲の最中、娘や孫が心配で家を飛び出し、行方がわからなくなりました。母は戦後、補償を認められずに死んだ祖母を「犬死にだ」と悔やみ続けました。

野里さんは戦中戦後、子どもたちの命を守り、育てた母の強さに感謝します。亡き母の無念を継ぎ、未補償の沖縄戦被害者と遺族が日本政府に謝罪と賠償を求める裁判（沖縄戦被害・国家賠償訴訟）の原告団長を務めます。

「政府は民間被害者を切り捨てず、戦争責任を果たすべきです」

（２０１６年10月16日付日曜版　本吉真希）

（3）今明かす沖縄戦、少年秘密部隊「護郷隊」の悲劇

1　本土決戦遅らせる「捨て石」に――日本軍壊滅後も撹乱戦

6月23日。72年前の沖縄戦で日本軍の組織的戦闘が終わったとされる日です。沖縄戦で、地元少年によって編成され、血みどろの戦闘に投げ込まれた秘密部隊がありました。これまで闇に包まれていた同部隊は、43年ぶりに今年（17年）3月に発刊された県史にも初めて記述されました。現代に問いかけるものは――。

■14～18歳の少年約1000人

その秘密部隊は「遊撃隊」。しかし名前を秘匿《ひとく》し、「護郷隊《ごきょうたい》」と呼ばれました。沖縄戦に先立つ1944年10月から、沖縄本島北・中部の14～18歳の少年たちが集められ、組織されました。指揮したのは、村上治夫中尉（のちに大尉）ら陸軍中野学校出身者42人。同学校は、諜報《ちょうほう》・防諜《ぼうちょう》・謀略など特殊任務をおこなう要員の養成機関でした。

村上中尉らが沖縄に降り立ったのが44年9月。護郷隊についての県史の記述を担当した川満彰

さん（名護市教育委員会市史編さん係）は「この42人が沖縄に配属された時点で、沖縄は本土決戦の『捨て石』になったと言える」と指摘します。なぜか——。

同部隊の目的が、沖縄守備軍（第32軍）の壊滅後も、占領米軍の後方を撹乱《かくらん》し、本土決戦を遅らせる遊撃（ゲリラ）戦をおこなうことだったからです。

■山中に潜み

召集された少年たちは約1000人。本島への米軍上陸が始まる45年4月1日時点で、「第1護郷隊」は主に多野岳、名護岳、「第2護郷隊」は主に恩納《おんな》岳に配置されました（地図）。山中に潜み、米軍陣地を襲うなどのゲリラ戦を展開。米軍に使わせないためだとして、自分の集落の家屋を焼き、住民も使う橋を爆破しました。

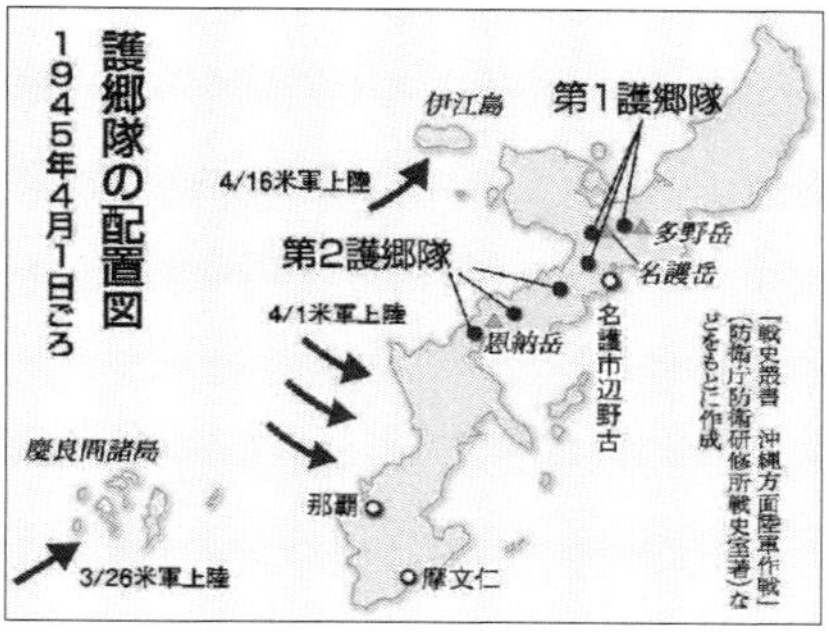

こんな証言もあります。

——集合に遅れたり、スパイと決めつけられたりして、上官命令で射殺された隊員がいた。

——衰弱して動けない負傷兵を軍医が射殺した。

「故郷は自らの手で護《まも》る」と戦意高揚を図るために名付けられた護郷隊。しかし実際には「自分たちの故郷を自分たちで壊してしまった」と川満さんは語ります。

戦死者は162人。秘密部隊だったため、当時の写真は今も発見されていません。川満さんは10年以上、調査・研究を続けてきました。「当時の大本営は、住民がどう戦闘に巻き込まれるのか、その被害など気にもしていなかった。沖縄県民そのものを、なんとも思っていなかったのです」

■沖縄戦、4人に1人が犠牲に

アジア・太平洋戦争末期に悲惨な戦場と化した沖縄県は、地上戦で県民の4人に1人の命が奪われました。

米軍は1945年3月26日に慶良間諸島、4月1日に沖縄本島へ上陸しました。米軍の空襲や艦砲射撃は住民に容赦なく降りそそぎ「鉄の暴風」と呼ばれました。

沖縄守備軍（第32軍）は「軍官民共生共死の一体化」を作戦の基本方針（44年）とし、住民に「死」を強要。避難場所の壕などから住民を追い出し、壕に泣きやまない乳幼児がいれば〝敵に見つかる〟などといって殺害しました。方言を話す住民をスパイ視して虐殺し、「集団自決」（強制集団死）による肉親同士の「殺し合い」を強制しました。

9月7日に沖縄守備軍が降伏調印し、沖縄戦は正式に終結しました。日米の死者は20万人を超え、そのうち日本の死者は18万人超。沖縄県出身者は12万人超（一般住民9万4000人、軍人・軍属2万8000人余）の命が奪われました。（県資料から）

2 「護郷隊」元隊員が告発する日本軍の非道——基地ある所が戦場に、新基地つくるな

■1週間寝ずに作戦従事、集合時間に遅れたら射殺／座喜味盛善《ざきみせいぜん》さん（88）

16歳で入隊し、遊撃（ゲリラ）戦の仕方、伏せながら銃を撃つ訓練などを朝から晩まで毎日やりました。訓練後は山の中で穴を掘ったり、弾薬や食料を運んだり、昼も夜も寝ずに1週間働いていたこともありました。

米軍の陣地に爆弾を仕掛けに行ったとき、米軍の軍用犬が私たちに気づいてほえ、米軍の照明弾が上がりました。

そんな時は米軍に撃たれないように落ち着いて伏せなければいけませんが、恐怖で逃げ出して撃たれて亡くなった隊員もいます。

食料を集めるために自分の家などにいったん戻り、定められた期日までにまた集合するということがありました。私のいた小隊ではなく、別の小隊で起きたことで目撃はしていませんが、1日か2日遅れて戻ってきた隊員が、遅れたことなどを理由に射殺されたと聞きました。

日本の当時の軍隊は、いくさもするが部下や同期兵も殺した。15、16歳の子どもが時間に遅れてきたというだけで殺された。今考えると野蛮人のような行為です。

護郷隊に入る前年には、当時の日本軍の伊江島飛行場の建設に動員されました。米軍機の空襲

護郷隊の記録を手にする座喜味さん

に遭い、私は運よく助かりましたが、そばで作業していた人は爆風で吹っ飛ばされた。この空襲で出身地域が同じ人が約40人亡くなりました。

基地があるから戦争が起きます。基地があるところが、戦争の最前線なんです。だから僕ら沖縄県民は、今の名護市辺野古《へのこ》だけでなく、どこでも新たな基地をつくるのは反対なんです。僕らは戦争を体験し、負けているからわかる。絶対に基地はつくってはいけないというのが僕の思いですね。

■自爆「切り込み隊」選抜、大けがしても治療なし／瑞慶山良光《ずけやまりょうこう》さん（88）

16歳で入隊しました。訓練は、匍匐《ほふく》前進が多かったことを覚えています。渡された軍服はおとな用でダボダボだったので、みんな着ないで半袖で訓練しました。

僕たちは子どもで、相手の米兵は20代半ばくらいのおとなだからやはり怖い。上官に口答えすると、「きさま、口答えするな、ばかー」と殴られる。斥候《せっこう》に行くとき道がわからないと言うと、「いくさに道なんかあるか、いけー」と殴られました。米軍の捕虜にならないよう「自決」用の手榴弾を持たされました。

米軍の陣地や戦車に爆薬を持って突撃し、一緒に吹っ飛ぶ「切り込み隊」に選ばれました。運よく実行はされませんでした。

負けるいくさであることはなんとなくわかっていました。それなのに自分の命を投げ出す作戦に向かう。「いっそ、生まれなければよかった」と思いました。

米軍の手榴弾の破片が右ほおに刺さり、唾液が外に漏れるほどの穴があきました。ちゃんとした治療も受けられず、食べ物もろくに食べられませんでした。今でもえくぼのような傷痕が残っています。陣地内で拳銃の音を何度も聞きました。軍医が動けなくなった負傷兵を射殺する音でした。

戦後も数年間は、「戦争恐怖症」に苦しみました。戦争の記憶が突然思い出される。「爆弾だ、爆弾だ」と叫びながら夜中に外を走る。周りから異常者扱いされ、治療のため精神病棟の独房に入りました。

平和のためには憲法9条を守り抜くことです。辺野古の米軍新基地建設は許すことはできません。新基地ができれば、沖縄本島北部の軍事化、演習場化がより進み、自然が破壊され、人の命も脅かす。戦争の話を伝えて戦争のない世の中にして、生きていて良かったと思える世の中にしたい。

（2017年6月25日付日曜版　洞口昇幸、本吉真希）

右ほおに残った傷痕を指さす
瑞慶山さん

二　核兵器廃絶へ扉を開いた被爆者たち

（1）故・渡辺千恵子さん——第2回原水爆禁止世界大会で発言

■核兵器禁止条約、あなた方がいたから

２０１７年11月4日、長崎市の延命寺で、被爆者・渡辺千恵子さんの半生を描いた合唱と語りによる組曲「平和の旅へ」が演奏されました。核兵器禁止条約の採択と、公演２５０回を記念する墓前報告会でのこと。作曲・指揮した園田鉄美さん（65）は語ります。

「千恵子さんも生前、とても喜んでくれました。『この曲が私の代わりに語ってくれる』と言って」

今年7月7日。国連会議で核兵器禁止条約が採択されました。長崎原爆被災者協議会副会長の横山照子さん（76）はいいます。

「私は亡くなった被爆者に真っ先に語りかけました。あなた方がいたからできたのです。あな

たちが命をかけて語ってくれたから、と……」

「みじめなこの姿を見てください！」

下半身不随で、母スガさんに抱きかかえられて演壇に上がった被爆者・渡辺千恵子さん（当時28歳）。千恵子さんも母も体が震えたといいます。１９５６年、第２回原水爆禁止世界大会（長崎）で３０００人の参加者がこの言葉に涙しました。

長崎で被爆し、脊髄《せきずい》を損傷。足腰は棒のように細り、寝たきりで過ごしました。10年間の暗く閉ざされた日々。世界大会に参加したのは、長崎原爆乙女の会ができ、外の世界とつながり始めて間もないころでした。

第10回原水禁世界大会総会に先立った平和行進に加わる、渡辺千恵子さん（抱きかかえられている人）＝1964年８月３日

「いくたびか死を宣告され、いくたびか死のうとさえ思った私でしたが、母の愛にはどうしても勝つことができませんでした」

「原爆犠牲者はもう私たちだけでたくさんです」「世界の皆さま、原水爆をどうかみんなの力でやめさせてください」。母娘は、涙と感動と拍手の嵐に包まれました。

「千恵子さんはこう言いたかったのでしょう。

『人は私をみじめだと思うでしょう。でも違うの。こんな姿にしたのは誰ですか？』。みじめだといわれる姿を見せて『こんなつらい思いは私だけでいい』と訴えたのです」

そう語る横山さん。30歳のころから一緒に活動してきました。自らも4歳で家族とともに被爆。妹は長い入院生活の末、44歳で亡くなりました。「私はみじめじゃない！」と叫んだ妹の言葉がいまもよみがえります。

■車いすで国内外へ出向いた千恵子さん

「明るく前向き」と評される渡辺千恵子さん。入院中に会った版画家の上野誠さんは、こう書いています。「そこにみたものは、頭と胴ばかりの一個の生体でした」「これがこの人の肉体の条件だったのかと、粛然とならざるをえませんでした」（『原爆の長崎』新宿書房）

「千恵子さんは必ず、長崎原爆青年乙女の会の会議に出席しました。そのたびに誰かが抱っこして移動したんです」と横山さん。谷口稜曄《すみてる》さん、青年乙女の会会員さんら、原爆の痛みを全身に刻んだ被爆者も交代で抱きかかえました。

普通に座ることができず、車いすを使うためにはアキレス腱《けん》を切断し、ゆがんだ脊椎《せきつい》を削る手術が必要でした。76年、激痛を伴う手術とリハビリを乗り越え、語り部として車いすで国内外へ出向きました。

「車いすに乗れるようになって間もない78年、スイス・ジュネーブでの軍縮国際会議で証言することになりました。私が説得役でした」。横山さんは目を細めます。

バリアフリーではなく、大変な苦労でした。その後もニューヨーク、西ベルリン、ユーゴスラビアなど各地を訪れました。

横山さんは移動の際の苦労をこう語ります。「集会のため東京で一緒に宿泊した時、下腹部にはったガーゼを取り換えるのを手伝いました。何年たっても深い傷から膿《うみ》が出る。足が不自由なだけじゃない。移動するのもこんなに大変なことなんだと知りました」

『長崎に生きる』（渡辺千恵子著、新日本出版社）のあとがきで、元日本原水協事務局次長の安田和也さんはこうつづっています。「被爆から四七年経っても六カ所の傷がジクジクと膿んでいること、かさぶたができてもそれが破れてまた膿が出るくり返しであること、原爆による苦しみは決して終わっていない」

長崎原爆松谷訴訟の証言から3カ月後の93年3月13日、千恵子さんは心不全のため亡くなりました。「千恵子さんの命を削るような証言があったことを、忘れることはできません」（同あとがきから）

＊渡辺千恵子（わたなべ・ちえこ）　1928年生まれ。16歳で被爆。頭と足がくっついたエビのような姿で鉄骨の下敷きとなり、脊髄を損傷。数日後、腰から下の肉が腐りはじめ、母がカミソリで腐った肉をガリガリ削り、骨がむき出しになった部分もあったが、腐敗を食い止めて命をとりとめた。核兵器廃絶運動に生涯を投じる。64歳で死去。

（2017年11月26日付　手島陽子）

(2) 故・名越操《なごやみさお》さん――『木の葉のように焼かれて』原爆は私を焼いた

「市庁舎に横断幕を掲げてほしいよね。カープ優勝のときはすぐ掲げるんじゃけん」

国連で核兵器禁止条約が採択された喜びをこう語るのは、新日本婦人の会広島県本部の女性たちです。

県本部のロッカーには、1964年から毎年のように出してきた冊子『木の葉のように焼かれて』がつまっています。被爆者の手記や聞き書き、被爆者座談会などを掲載。今年(17年)51集を出しました。

タイトルは、第1集に載った名越操さんの手記からとりました。当時15歳。爆心地から2キロ離れた自宅にいました。柱や屋根が落ちてきて大けがを負いながら祖父と山に逃げました。9人きょうだいのうち四女の妹は建物疎開の動員で出かけたまま、帰ってきませんでした。骨も見つかっていません。

熱線と爆風で死んでいった妹、そして広島の人たちのことを「みんな木の葉のように焼かれて、消えていった」と書きました。

■生まれた子まで

第1集に手記を寄せた9人のうち、実名は操さん含め2人だけ。操さんも「何もわざわざ広島の女と結婚せんでも」といわれるなど、差別が色濃い時代でした。

手記をきっかけに『木の葉〜』の編集委員になった操さん。仕事に子育て、語り部活動と奔走します。「朝ごはんも食べずに出勤することが多くて、体のこと心配してたよね」と新婦人広島県本部元会長の湯川寛子さん（83）。結婚後広島に住み、資料館をみて、「これは語りつがなくちゃ」と『木の葉〜』作成を思いついた一人です。「広島の私たちにしかできないことだから」

1978年、『木の葉のように焼かれて』が原爆反対、平和をめざす運動に貢献したとして、アリス・ハーズ夫人記念平和基金を受賞。それを祝う集いで話す操さん（左端）。右端が湯川さん（新婦人広島県本部提供）

操さんの手記を読んで『木の葉〜』の編集に加わった矢野美耶古さん（86）は「一番つらかったのは次男の史樹ちゃんのこと。ひとごとじゃなかった」といいます。4歳で白血病を発症。4キロ離れたところで被爆した矢野さんの息子も鼻血や貧血で病院によく行きました。史樹ちゃんの入院中は「新婦人の仲間で交代で病院につめた」といいます。

操さんは史樹ちゃんのことを公表。被爆2世がはじめて注目され、「胎内被爆者・被爆2世を守る会」が発足しました。

「20年前の8月6日、目もくらむ熱い何千度の原爆は私を焼いた。そして私の皮膚を突きさし、15年もたって生まれてきた私の子どもまで焼いてしまったのです」――史樹ちゃんが7歳で亡くなったときの操さんの日記です。

■高校生が遺志受け継いで

「史樹ちゃんは私たちです」という高校生たちがいました。広島の安田女子高校社会科学研究部です。1976年から『木の葉～』編集部と交流。体験を聞き、学びあってきました。

メンバーの一人、星野(現・田村)昌美さん(57)は「史樹ちゃんは生きていれば私と同じ年。被爆して15年もたって生まれた子どもがなぜ戦争のせいで死なななくちゃいけなかったのか。高校生の私にとって衝撃でした」といいます。

顧問だった澤野重男さん(70)は、「操さんは高校生たちに『(史樹のように)ぼく生きたかった、と泣かないですむように力をあわせましょう』と呼びかけました。高校生たちは見事にこたえてきた」といいます。

総理大臣に〝(国連で)核兵器廃絶を訴えてほしい〟という手紙を送ったり、原爆瓦を掘り出しモニュメントを制作したり。「自ら考えとりくみ、大きく成長していく姿の後ろに『木の葉～』のお母さんたちがいました」

後に、病床にふせった操さんを東京からかけつけて見舞った昌美さん。86年、操さんは56歳で亡くなります。通夜には高校生も大勢並んだといいます。

それから31年たった今年。国連で核兵器禁止条約が採択された議場に、日本被団協事務局次長の藤森俊希さんの姿がありました。操さんの9人きょうだいのなかの一番下の弟です。昌美さんは目を見張りました。

「私もいま長野に住んでいて、藤森さんとは平和学習などで交流があります。その藤森さんが世界に核兵器禁止を訴え、そして条約が採択されるなんて。操さん、とても喜んでいると思います」

＊名越　操（なごや・みさお）　15歳のときに広島市牛田町（爆心地から2・3キロ）の自宅で被爆。54年に結婚。62年、新日本婦人の会広島支部結成に参加。65年から被爆手記集『木の葉のように焼かれて』編集委員。56歳で死去。

（2017年11月26日付　都　光子）

三　「満蒙《まんもう》開拓団」、シベリア抑留とは

（1）「満蒙開拓団」と中国残留孤児――国策で8万人犠牲

現在の中国東北地方に敗戦までの13年間存在した日本の傀儡《かいらい》国家「満州国」――。そこに国策により日本全国から「青少年義勇軍」を含む「満蒙開拓団」（※）約27万人（敗戦時）が送られました。日中双方で多くの犠牲者を出し、中国に取り残された残留孤児・残留婦人を生みました。この「満蒙開拓団」の悲劇はなぜ生まれたのでしょうか。

※「満蒙」とは「満州」（中国東北部）と、内蒙古（うちもうこ）のことで、現在の内モンゴルのこと。

1　「集団自決」生き残ったが35年後帰国、国の支援求め／佐藤安男さん（79）

山形県高畠町《たかはたまち》に夫婦で住む佐藤安男さんは、「中国語はしゃべれるけれど、日本語はあまりわ

からないね」と笑います。

1980年1月に42歳で帰国した残留孤児です。現在、中国残留帰国者山形の会代表を務めます。

佐藤さんの両親は「満州にいけば20町歩（＝約20ヘクタール）の大地主になれる」という政府の宣伝文句に誘われ「渡満」します。現在の黒竜江省の佳木斯《ジャムス》市近くに、第9次板子房《パンズファン》置賜《おきたま》郷開拓団として入植しました。学校一つ、井戸が二つありました。

父親が敗戦の年に召集され、残されたのは、母、8歳の佐藤さん、6歳の弟、1歳の妹の4人でした。

■380人以上が火の海で死に

1945年8月9日、旧ソ連軍が中国東北部にいっせいに侵攻。佳木斯市に逃げようとしましたが、途中で武装した一部の現地人に襲われ、再び板子房に戻りました。近くの開拓団も来て数百人になっていました。

13日夜、開拓団は武装集団に包囲されました。「どうしようもない、自殺しようという話がそのとき出たんだ。学校の中にみんな入ってから周りに灯油をまいて火をつけた。おれは死にたくないから、一番後ろにいて窓を押さえた板をはがして家族で出た。最後に出たときに屋根が崩れて背中にやけどを負った」

開拓団があった場所を示す元残留孤児の佐藤安男さん

この集団自決から逃げたのは三十数人で、380人以上が火の海で死んだと後に生き残りの女性に聞きました。

佐藤さんたちはトウキビ畑に2カ月隠れました。雨が毎日降っていました。「妹が泣くんだ。泣くと匪賊《ひぞく》から見つかるといわれ、母親は自分の子どもを殺せないから、他の女の人が抱いていって殺したの」。母親もそこで亡くなりました。

連れていかれたのが、その後佐藤さんを支えてくれた養父・郭新民さんのところでした。

近くの村に行き、弟とも離れ離れになり、「小日本鬼子《シヤオリーペンクイズ》」といじめられ学校に3カ月しか行けませんでした。17歳で農場の馬車を引き、24歳で中国人女性（妻・春子さん）と結婚しました。

中国の「文化大革命」のときには「おやじ（郭さん）が紅衛兵《こうえいへい》に捕まって、なぜ日本人の子どもを育てたかと問い詰められた。ひどかったよ」。そんな体験から、日中国交回復から6年後、1978年になってやっと決心し中国公安局に帰国を打診。翌年に北京の日本大使館に手紙を出したところ、日本から返事が来たのです。家族5人でうれしくて泣きました。

■国賠訴訟に参加

１９８０年に帰国し高畠町に。心臓病で入院中の父に会いましたが、日本語がまったくわからず泣きっぱなしでした。「９カ月後に父が亡くなるまで一言も話せなかったことが、今でも残念だ」

「日本政府は帰国の旅費は出したけれど、身元保証人（父）がいるから終わり、という態度で何の援助もなかった。日本語も一人で勉強した」

「普通の日本人と同じように生活したい」と、全国の残留孤児・残留婦人とともに国家賠償請求訴訟に参加。山形では弁護団の支援をうけ34人が提訴しました。２００７年に政治解決が実現し、翌年4月に新支援法が施行され、佐藤さんたちの生活は改善されました。日中友好協会山形県連合会は14年、「平和の碑・中国残留帰国者の墓苑」を建立。佐藤さんは建設委員長を務めました。

２　語り継ぐ「満蒙開拓平和記念館」――〝負の遺産〟学び〝正の遺産〟へ

長野県阿智村《あちむら》にある「満蒙開拓団」に特化した全国唯一の歴史資料館「満蒙開拓平和記念館」（河原進館長）。交通の便がいいとはいえない記念館に、連日、バスや車での見学者が絶えません。

開拓団の再現住宅を前に説明する野口次郎さん
（満蒙開拓平和記念館）

「せっかく開拓団でいったのに、ソ連侵攻のとき日本軍に置き去りにされ、約8万人の人が亡くなりました」。案内ボランティアの1人、野口次郎さん（86）が来館者に開拓団の歴史を紹介するコーナーで説明します。体験者の生の映像、音声も流されています。

■「平和な日本を」

来館者の感想には――

「涙が止まりませんでした。時の指導者の無知により多くの日本人、中国人を苦しめる結果になりました。平和な日本を祈ります」（長野・男性）、「私も満州からの引き揚げ者。父母が苦しみながら幼い私を連れて帰ってくれたこと、感謝の一念です」（三重・女性）

開拓団員の2世である寺沢秀文同館専務理事は「満蒙開拓という〝負の遺産〟から学んでもらえることはたくさんあると思います。戦争の悲惨さ、平和の尊さを知ってもらうきっかけになれば、それは〝正の遺産〟に変わる」と「語り継ぐ」大切さを語ります。

8年の準備期間をへて3年半前（2013年）に開館にこぎつけました。

■〝人間の盾〟役に

1931年に中国侵略戦争の発端となる「満州事変」が日本の関東軍の謀略で起こされました。翌32年に清国最後の皇帝・溥儀《ふぎ》を担ぎ出し中国東北部に「満州国」を設立しましたが、実体は関東軍が実権を握る傀儡国家でした。関東軍は「移民百万戸（五百万人）移住計画」を発表。開拓団を最も多く送り出したのが長野県で約3万3000人、中でも飯田・下伊那地方が最多でした。

農家の8人兄弟の三男だった寺沢さんの父・幸男さんも政府の誘いに応じ、吉林《きつりん》省の水曲柳《すいきょくりゅう》開拓団に入りました。

しかし、この「満蒙開拓」は多くが本来の開拓とは言いがたく、開拓団が入植したのは、「満州開拓公社」などが中国人の農地や家を半強制的に買い上げ追い出したところでした。

「日本軍と政府は、開拓団を『満州』防衛の〝人間の盾〟の役割をも担わせて送り込みました。ソ連国境近くに配置された『満蒙開拓青少年義勇軍』の14～17歳の少年たちもそういう役割を担わされました」（寺沢さん）

旧ソ連が侵攻したとき、関東軍はすでに「満州」の4分の3を放棄し「南満州」地域に後退。放棄地に置き去りにされた年寄り、女、子どもだけの悲惨な逃避行がここに始まったのです。寺沢さんの長兄はわずか1歳で命を落としました。

■中国人の悔しさ

敗戦直前に召集された父はソ連軍の捕虜になり、3年間シベリアに抑留。ようやく帰国すると下伊那郡松川町の増野地区の広大な原野を仲間と開墾しました。

「父は子どもの私によくいいました。『こんどこそ本当の開拓の苦労を重ねる中で、自分たちの大切な畑や家を日本人に奪われた中国の農民の悔しさ、悲しみがよくわかった。あの戦争は日本の間違いだった。中国の人たちには本当に申し訳のないことをした』。この言葉が記念館建設の運動、帰国者支援にボランティアで取り組んできた私の原点です」と寺沢さんは話します。

※満蒙開拓団＝1931年に旧日本陸軍の関東軍が起こした「満州事変」から45年の終戦までに、旧「満州」(中国東北部)と内モンゴルに「開拓」の名で国策として送りだされた人たちのこと。45年8月9日旧ソ連軍が「満州」に侵攻、関東軍は開拓移民を置き去りにして逃亡しました。当時、開拓団の在籍者は約27万人。大半が老人、女性、子ども。逃避行で約8万人が命を落としたといわれます。

(2016年12月30日付　山沢　猛)

(2) シベリア抑留とは何だったのか——軍に裏切られ異国に眠る

１９４５年8月23日は「シベリア抑留」の始まった日です。終戦後にシベリアやモンゴルで亡くなった日本人らの第14回追悼の集いが、２０１６年に東京の千鳥ケ淵墓苑でおこなわれました。日本が侵略した中国東北部（旧「満州」）で敗戦時にソ連軍の捕虜となり、ソ連に移送された兵士は約60万人。飢えと寒さと強制「労働」で約6万人以上が帰らぬ人となりました。日本政府による元兵士への労働給与の補償がないまま多くの人が亡くなっています。シベリア抑留とは何だったのかを追いました。

■なぜ国立の資料館がないのか

東京都庁に近い高層ビルの上階にある平和祈念展示資料館。三つのコーナーの一つに「戦後強制抑留」があります。夏休みに母親と訪れた小学生が、抑留者の描いた絵に熱心に見入っていました。

観覧者からは「父は重労働で戦友の3分の2が凍死したという話をよくしていた。二度と戦争に参加することを許してはならぬ」（男性79歳）、「父が無事帰国していなければ、私という人間もこの世に存在しません」（女性63歳）の感想も。

一方、韓国から来た学生は「展示を最後まで見ました。誰によって戦争が起きたのかわかりにくいです。植民地（朝鮮）についての戦争責任が見つけられなかった」と記します。

戦後補償問題にくわしいシベリア抑留者支援センター代表世話人の有光健《ありみつけん》さんは、「この資料館は総務省委託で民間業者が運営しています。問題なのは、戦後70年たつのに、日本に国立の本格的な戦争博物館・資料館がないことです。米国、英国、韓国、ロシアなどにはある。その結果、靖国神社の遊就館だけが目立ち、批判を受ける」といいます。

「他の戦争関連の展示もまとめて、歴史的な視点から再構成し、その中にシベリア抑留も位置付けるべきです。シベリア特措法成立（２０１０年）のときにそこに踏み出すべきでした。日本側の悲劇を語る際に、そもそも他国に出かけて軍事支配し、１００万もの日本の軍隊（関東軍）が中国東北部に常駐していたこと自体が異常な状態で、無理なことだったのではないか？　抑留問題もそこから考えなければなりません」と指摘します。

■秘密指令

シベリア抑留の悲劇はなぜ起こったのか。

「ソ連の指導者スターリンによる秘密指令で引き起こされた。捕虜の取り扱いを定めたジュネーブ条約や、日本軍隊の『家庭復帰』を明記しソ連も署名をしたポツダム宣言に違反する行為でした」

こう話すのは、日露歴史研究センター代表の白井久也氏。朝日新聞モスクワ支局長などを務めました。
敗戦後の8月23日、スターリンが「極東およびシベリアでの労働に肉体的に耐えられる日本人」の「捕虜50万人選抜」を、ソ連の国家国防委員会決定として命令しました。ソ連兵が「トウキョウ・ダモイ」（東京へ帰還だ）というので「内地に戻れる」と思った兵士たちは、約2カ月の間に、西はモスクワ周辺から極東まで約2000の収容所に移送されました。シベリアはそのとき零下30度にもなる冬に入り、最初の冬に最大の犠牲者を出しました。

抑留者の一人、松本茂雄さん（91）＝川崎市在住＝は、かつて抑留されたロシア極東部の都市、コムソモリスクを帰国後に4回訪ねています。そこにあった収容所から2、3キロメートル離れた草原にある日本の兵士たちの埋葬地を必ず訪れます。

自ら描いた絵を前に抑留体験を話す松本茂雄さん

「遺体が埋められた跡がいくつもあって水たまりになっている。そこを踏むと靴がぼそぼそともぐる。一つの穴に何十人埋まっているかわからない、名前もわからない。70年間、ここで日本から迎えに来る日を待ち続けているのです。涙なくしては立てない……」

埋葬地の写真を見せながら話します。

松本さんは関東軍の第124師団の兵士で、1945年8月9日に旧「満州」に侵攻したソ連軍と本格的な戦闘をしました。ソ連のT34戦車との肉弾戦でした。戦友は爆弾を背負って戦車の下に突っ込みました。

松本さんはその戦闘で負傷した左足が、収容所に来てから化膿し付け根から丸太ん棒のようにはれあがりました。病院には手術具や麻酔など何もなく、はさみで足を切られ半狂乱になったといいます。

病院にいた7カ月間に見た死亡者は「推定ですが2000人はいた」。冬は凍土で穴を掘ることもできず、裸にして表に並べて置く、凍った遺体に雪を掛けておくのが精いっぱいだったといいます。春になり雪が解けるとカラスが集まり黒山になったといいます。

抑留者の一人・井上馨さんが描いたシベリア抑留の体験（シベリア抑留者支援センター提供）

■対ソ交渉

シベリア抑留で〝謎〟（※）とされてきた問題がありました。

スターリン秘密指令の直前の命令では「日本・満州軍の軍事捕虜を、ソ連邦領土に運ぶことはしない」とあったのです（8月16日のベリア文書）。これがなぜ正反対の命令に変わったのか。

白井氏は「日本の参謀本部が、日本の捕虜をソ連軍の経営にお使いくださいという申し出をしていた。その関東軍文書を戦後、斎藤六郎氏がソ連の公文書館から発見し、当時大きく報道された」といいます。

斎藤氏（故人）は全国捕虜抑留者協会の初代会長で、この事実を著書『シベリアの挽歌　全抑協会長の手記』（1995年、終戦史料館出版部）で明らかにしました。巻末資料で発掘した関東軍文書、ソ連対日戦文書、労働証明書関連などを掲載しました。

その一つ、「ソ連軍に対する瀬島（龍三）参謀起案陳情書」では、日本の兵士が帰還するまでは「極力貴軍の経営に協力する如く御使い願いたいと思います」と書かれています。

「朝枝（繁春大本営）参謀報告書」は今後の処置として「在留邦人および武装解除後の軍人はソ連の庇護下に満鮮に土着せしめて生活を営むごとくソ連側に依頼す」「土着するものは日本国籍を離るるも支障なきものとす」と書かれています。

大本営と関東軍の対ソ交渉が「捕虜50万」のシベリア移送への転換点だったのです。

白井氏はさらに背景となった近衛文麿元首相作成のソ連に対する「和平交渉の要綱」（45年7月）をあげます。天皇制の「国体護持」を絶対条件とするかわりに、ソ連に領土の一部を引き渡すこと、「満州」の軍人・軍属を「兵力賠償の一部として労働」の提供をする内容でした。要綱の考え方が対ソ交渉の基本として終戦直後に生きていたことを関東軍文書が示しています。

斎藤氏は著書で「終戦時、軍による居留民置き去り事件や根こそぎ動員、労務提供は過誤といって済まされる問題ではない。明らかに関東軍参謀らによる意図的な行為である。……彼ら（＝抑留者）は、彼らをそこに追いやったものが何であったかも知らずに異国の丘に無言の眠りについている」と怒りを込めて糾弾しています。

※不破哲三氏は著作『スターリン秘史　巨悪の成立と展開』第5巻の第二四章「対日戦の終結」のなかで「『満州』で何が起こったか」の節を設けて、1945年8月8日、ソ連軍が攻め込んだ旧「満州」（中国東北部）で日本人を襲った三つの大惨害について解説しています。（265ページ）

第1の惨害は、ソ連軍が各地で起こした略奪・強姦・殺戮の惨劇です。ソ連軍は「社会主義」の軍隊であるどころか、人間性を欠いた無法で野蛮な武装部隊を含む軍隊であることを「満州」でも実証しました。

第2の惨害は、日本の関東軍の数十万の将兵が連合国のポツダム宣言の条項（武装解除の後の家庭復帰など）を無視して、シベリアに抑留され、長期にわたり強制労働で使役されたことです。

第3の惨害は、当時満州にいた「満蒙開拓団」など百数十万人の一般の日本人が「満州」に遺棄されたことです。ソ連軍などに追い詰められた日本の開拓団の女性・子どもを含む多数の「集団自決」、「中国残留孤児」の苦難もこの時に引き起こされました。

この第2、第3の惨害についてソ連のスターリンの野望とともに、日本の国家と戦争指導部が深くかかわった〝棄民〟政策に原因があったことを数々の証拠文書をあげて跡付けています。

（2016年8月24日付　山沢　猛）

四　ここに戦争があった

(1) 軍産学共同、旧陸軍登戸研究所は語る

安倍晋三政権のもとで軍事予算が初めて5兆円を超え、兵器研究予算が大幅に増やされました。戦前、兵器開発に科学技術者が動員されたことを教訓に「科学を戦争に使わない」と決意をしてきた人びとが軍事問題とどう向き合うかが問われています。秘密戦・謀略戦を担った旧陸軍登戸研究所に「戦争と科学者」の問題をみました。

■生物兵器を開発

川崎市多摩区の丘の上、明治大学生田キャンパスにある「明治大学平和教育登戸研究所資料館」――。

「最近の事件で暗殺にVXガスが使われたことが話題になっています。戦前の登戸研究所でも、軍が対人用の青酸ニトリールという無色・無味・無臭の毒薬を開発しました。動物実験にとどま

登戸研究所資料館で展示パネルについて解説する山田館長＝17年３月、川崎市

らず、中国の南京まで出張し、中国人の捕虜十数人を死亡させる人体実験までおこないました」

17年3月初めの見学会で、山田 朗《あきら》 館長（文学部教授）が、多くの見学者を前に解説します。

資料館自体が、いまも唯一残る秘密研究所時代の建物です。ここで「敵国」の小麦、イネなどの食用作物をいかに効率的に枯らせるかという昆虫・細菌など生物兵器の開発をおこなっていました。

人間に対する生物化学兵器の開発・製造・実験をしたのが、関東軍防疫給水部、いわゆる731部隊（石井四郎軍医中将の部隊）です。これにたいし登戸研究所では、植物、家畜を対象にした兵器を研究し（第二科）、両者は協力しながらも〝棲《す》み分け〟をしていました。

登戸研究所は四科からなります。展示室はそれに沿って、第１「登戸研究所の全容」、第２「風船爆弾と第一科」、第３「秘密戦兵器と第二科」、第４「偽札製造と第三科」、第５「敗戦とその後の登戸研究所」に分かれます。

資料館は４年の準備期間をへて２０１０年に開館。以後、年間６０００~７０００人、累計で５万５０００人の個人やグループ、団体が訪れました。高校生の集団や、修士論文執筆のために来た大学院生の姿も見られます。

見学者の感想には「入った時から感じる空気の重さ、ぞっとする事実の掲示に胸が痛くなりました。本当に来てよかった」（女性）、「軍事研究がこれほど組織的になされていることに驚いた。日本は戦争の被害者であると同時に、加害者であることを思い知らされた」（男性）などが見られます。

■風船爆弾に動員

軍産学共同をすすめた陸軍登戸研究所に、科学技術者はどう関わっていたのでしょうか。

１９８０年代から、川崎の歴史の掘り起こしをしてきた渡辺賢二さん（当時高校教員）と高校生たちは、地道で粘り強い調査活動を続けてきました。その中で偶然、登戸研究所に勤めていた軍人や技師、地元で雇われた工員・事務員との接点が生まれました。

「高校生の皆さんには話しておきたい」と重い口を開いた一人に、伴繁雄《ばんしげお》氏がいます。

伴氏は終戦時に陸軍技術少佐で、スパイ兵器・生物化学兵器の開発を担った第二科の幹部所員でした。軍功をたたえられて当時の東条英機陸軍大臣から「陸軍技術有功章」を授賞されています。

伴氏が１９９３年に亡くなる直前に執筆した『陸軍登戸研究所の真実』（芙蓉書房出版）は、研究所の組織をこう描いています。

「所員として理科、工科系諸学校から多数の有能な人材が専門分野別に求められたほか、日本のトップクラスの大学教授や民間企業の技師、研究者が嘱託として研究に参加した。登戸研究所自体製造工場であるが、精巧な器材製作は民間企業が担当することもあった」

「科学技術者が戦争に組み込まれていくプロセスを典型的に示すのが、風船爆弾の開発・製造です」（山田氏）

直径10メートルの気球の風船爆弾は暗号名「ふ号装置」と呼ばれました。約1万発放球され、約１０００発がアメリカ大陸に届いたとみられ、３６１発の着弾が確認されています。オレゴン州ブライで爆弾に触れた民間人６人が命を奪われました。

当初、牛を皆殺しにする牛疫ウイルスを搭載する予定で完成に近づきましたが、米国の同様の反撃を恐れ、断念しました。

高度1万メートル、零下50度の環境で、偏西風にのせて太平洋上空を９０００キロメートル飛ばし米本土に落下させるには、偏西風の動き、気温変化など正確な上空気候図の作成が必要でした。

当時、軍にそのような知識はなく、中央気象台（今の気象庁）や、東京大学工学部航空研究所の専門家が引き抜かれました。

第二科の生物化学兵器の開発には、農学系の科学者が動員されました。軍に医者や獣医はいましたが、農業専門家はいないので、農業試験場や品種改良を専門にする人たちを引き抜いて植物を枯らす研究をやりました。

本来、作物を育てる研究者がまったく逆の研究に従事していたのです。

実際に飛行機を使い、中国湖南《こなん》省の洞庭湖《どうていこ》の西側の稲田にたいし、細菌とニカメイチュウ（イネ食害の虫）の散布実験がおこなわれました。

■倫理観失う異常

登戸研究所の科学技術者はどういう心境にあったのでしょうか。

それを示すのが、先の伴氏の証言です。伴氏と所員は1941年6月、中国の南京で約1週間、731部隊の姉妹部隊と連携し、毒物の青酸ニトリールを人体に使いました。致死量、症状の観察には他の動物でなく、人体実験が必要であるという判断でした。

戦後、この実験の心境を「初めは厭であったが馴れると一ツの趣味になった。（自分の薬の効果をためすために）」と証言しています。（犯人が毒物で12人を死亡させた1948年帝銀事件での警視庁の捜査の際、使用毒物の特定に登戸研究所関係者が協力し証言しました。その捜査にあたった甲斐文助警部の捜査メモ「甲斐文書」から）

科学者が戦争に勝つという大義名分を後ろ盾に研究成果を極めようとして、倫理観を失った時、どこまで異常な心理になってしまうかを示しています。

渡辺氏は「伴さんは、自分が登戸でおこなったことを戦争に勝つためだったと思う一方、戦後になればそれは単なる人殺しにすぎないという対立の中で最後まで苦しんだ人でした。だから高校生に罪を語ろうとした。私たちとの接点がなかったら『秘密を墓場まで持っていく』ことになったと思います。軍事研究の頂点にあった秘密組織が伴さんのような人々を生み出した。そのことを今の時代に絶対くりかえしてはなりません」と語ります。

（2017年3月20日付　山沢　猛）

（2）高知の戦争遺跡保存運動

戦後72年、戦争体験者が数少なくなる中、戦争遺跡を史跡や文化財として保存し、平和のために「戦争」を語り継ぐ活動に生かす取り組みがすすんでいます。「戦争遺跡保存全国シンポジウム」（保存シンポ）が開かれていた高知の運動を紹介します。

■田んぼの中に掩体

遺跡のなかでも戦争遺跡とは何か。「近代日本が繰り返しおこなってきた戦争によってつくられ、残された構造物や跡地です。戦争遺跡は本物のもつ臨場感や迫力があり、そこに立てば歴史と空間を共有できます。想像力を発揮して追体験もできます。〝戦争〟を学び、加害・被害の歴史の扉を開く場です」

こう話すのは、保存シンポを主催する戦争遺跡保存全国ネットワークの共同代表で、高知県立埋蔵文化財センターの調査員だった出原恵三さんです。現在、平和資料館「草の家」の副館長です。

出原さんの案内で、戦争遺跡のある南国市の田園地帯を歩きました。まず目をひいたのは、高知空港に近い田んぼに点在する巨大なコンクリートの塊です。高知海軍航空隊の飛行機の格納庫だった掩体《えんたい》です。

当時、敵の攻撃から飛行機を守るために掩体が41基、滑走路につながる誘導路が網の目のようにつくられました。いまは掩体だけが7基残っています。一番大きいもので、幅44メートル、奥行き23メートル、高さ8・5メートルあります。

保存運動が実って2006年、南国市史跡に指定されました。南国市教育委員会発行のパンフレット『掩体は語る』には「1941（昭和16）年1月から1944（昭和19）年にかけて軍用飛行場として国に強制的に買い取られ」て、ひとつの村（三島村、263戸）が丸ごと消滅したと記されています。

出原さんの研究（論文「高知海軍航空隊と関連遺跡」）によると、

㊤南国市史跡として登録された戦争遺跡・「前浜掩体群」のひとつ
㊦南国市の久枝海岸には、戦争遺跡・トーチカが残っています

日中戦争で海軍は中国の首都・南京を、海をこえて爆撃した際、中国空軍などの反撃で大打撃をうけて零式艦上戦闘機（ゼロ戦）開発に乗り出します。高知海軍航空隊もゼロ戦の訓練飛行場として計画されましたが、最終的には偵察員養成の訓練航空隊として発足しました。

掩体づくりの作業をしたのは「中学生、近くのお母さん、高知刑務所の受刑者、朝鮮半島から強制的に連れてこられた人々などでした」「もの言わぬ掩体ですが、無言のうちに戦争の悲しさ、平和の大切さを訴えています」（同パンフ）

天井に煤《すす》けた跡や壊れた食器など生活臭が残る掩体がありました。「ここは、強制連行された朝鮮の人が戦後のある時期まで暮らしていました」と出原さん。

掩体の表面がえぐられた跡を指さしながら「米軍は沖縄戦上陸前に西日本の海軍基地をたたく攻撃に出ました。この跡もアメリカのグラマン戦闘機の機銃掃射をうけた弾痕です。日本軍は、その後〝本土決戦〟に備えた陣地づくり（穴掘り）を急ぎました。この戦争遺跡からも、沖縄が〝時間稼ぎ〟に使われたとわかります」といいます。

水際で米軍をたたく当時の軍の作戦がわかるのが南国市の久枝海岸に残るトーチカです。巨大な真っ黒なコンクリートの塊。高知県内に58基も残っています。

掩体は、千葉県茂原市（11基）、大分県宇佐市（10基）、北海道根室市（6基）などにも残っています。本土決戦に備えて1945年につくった陣地は全国各地に残っています。出原さんは次のように強調します。

「歴史という縦軸で戦争遺跡をみると、日本の近代の富国強兵政策は東アジアや中国などへ戦争をする地域を広げに広げたけれど、結局、追いつめられて最後は日本に集中します。しかも、武器も燃料もなく山に穴を掘ることしかできなかった。悲劇を超えて喜劇です。おろかなことです。そのおろかさに気がつき反省して歴史に向き合わないといけない」

■細菌戦の体験者も

「草の家」は、1989年に民立民営の平和資料館として高知市内にできました。高知民医連の診療所事務長を務めてきた岡村啓佐副館長は、草の家の活動の特徴について「加害、被害、抵抗の三つの柱を軸に史実の発掘・研究・展示をしていること」といいます。日本の中国への侵略戦争についても、高知の歩兵44連隊が上海、南京などで何をしたのか具体的にたどる「中国・平和の旅」を何回もおこなってきました。

また、細菌弾をまき細菌戦用に中国人らを人体実験し虐殺した731部隊（関東軍防疫給水部）の隊員の聞き取りや中国現地ツアーもしてきました。

「抵抗」では、プロレタリア詩人・槇村浩をはじめ、戦争に命がけで反対した人たちやその反戦運動を掘り起こすことにもとりくみました。44連隊が出兵する際にビラを配った人たちがいたことを発見しました。

岡村さんは医療という仕事柄、731部隊の幹部が日本を占領した米国と戦犯免責を条件に人体実験の研究成果を売り渡した医療・医学界の〝黒い戦後史〟を追究しています。

証言者も得ました。高知出身者が多い731部隊のハイラル支部に所属した谷崎等さん（94）

は数少ない生存者です。谷崎さんを訪ねると、ペスト菌を注射するネズミを飼育する任務や、終戦の天皇の放送など１９４５年のことを覚えていました。

「本部はすでに日本に帰っていたし、ラジオ放送の内容は、上層部は知っていた。私らには全然話がなかった。翌年の暮れまで取り残された。戦争は二度とやってはいけない。私には中国の兵隊を殺さないといけない口実なんかない。むしろ〝上官の命令は天皇陛下の命令だ〟といいながら、毎日どれほどたたかれたことか。戦場に行っても中国兵より上官を後ろから殺したいと何度思ったことか」と話します。

「参戦したソ連は機関銃です。こっちは一発一発弾を込めては撃つ鉄砲です。勝てるわけがない。死んだら犬死にだと逃げることだけ考えた。タコつぼを掘ってもむかえ撃つのは火炎放射器です。墓穴を掘るだけだ」と皮肉も口に出る谷崎さん。昨年は地元で開かれた戦争法反対の集会に参加しました。「安倍政権は戦争を知らんくせに、戦争をしたがる。ろくなものでない。私は戦争の怖さを知っている」

（２０１７年8月22日付　阿部活士）

五　少年兵、予科練で

（1）少年飛行兵の日誌出版——医師の平野治和《はるかず》さん

敗戦3カ月前の1945年4月28日、18歳の若さで沖縄上空で戦死した少年兵（※）の日誌が出版されて話題になっています。

平野治和さん

『花もひらかぬ　一八のまま』（合同フォレスト発行）を出版したのは、福井市の光陽生協クリニックで院長を務める平野治和さん（64）。陸軍少年飛行兵だった叔父の平野利男さんが、水戸陸軍航空通信学校に在籍した1年3カ月の間に記した「修養日誌」に詳しい資料を付したもの。少年兵の日誌全文が一般向けに書籍化されたのは初めてといいます。

「戦後に育った私たちには、戦時下の暮らしをリアルに想

像することはできません。この日誌を読むと、当時17、18歳の若者の気持ちや考え方が70年を経て、目の前に現れてくるようです。一人称で戦争を語れる人が少なくなっているだけに、当時の空気感に触れてもらえれば」と治和さん。

刊行後、地元FMラジオで対談したり、ボランティアによる点訳の完成や講演（17年3月4日、東京。「宗教者九条の和」憲法講演会）依頼が寄せられるなど反響が広がっています。

※少年兵＝18歳以下の子どもの兵士。「予科練（海軍飛行予科練習生）」で知られる海軍と陸軍合わせて総数は40万人余。「補充のきく消耗品」として短期間で大量に養成され、特攻などで戦場に送られました。

■土蔵で叔父の遺品「発見」、難解な専門用語

治和さんが叔父の日誌を手にしたのは一昨年（15年）5月でした。「立憲主義を踏みにじり、強行採決を繰り返す安倍政権に危機感を募らせた折、毎年墓参りはしているのですが、〝そういえば、利男叔父の遺品があるかもしれない〟と思い立ちました」

旧和泉村（現大野市）の実家にある古い土蔵を探すと、ほこりまみれの風呂敷に包まれた大学ノート3冊を「発見」。「修養日誌　鵜木隊第四班　平野利男」と記されていました。

利男さんは42年4月9日、難関を突破して東京陸軍航空学校に15歳で入学。日誌は、同校を卒業して水戸陸軍航空通信学校に進んだ43年4月5日から卒業目前の44年6月10日までのもの。現在なら高校2、3年生です。

旧漢字や略字、インクのかすれ、破損など読み進めるのは困難を極めました。なにより、日誌の随所に出てくる旧日本軍の通信や暗号に関する専門用語に悩まされました。

日誌をすべて画像処理し、教育関係者や歴史学者、無線通信研究者など各分野の専門家から助言・協力を得、1年がかりで読み解きました。診療の合間に、国会図書館はじめ各地の図書館を巡って資料収集しました。

■故郷・両親への思い、短期間に内容変化

1年3カ月の短い期間で日誌の内容は大きく変わっていきます。

入学当初は故郷や両親への思いがありました。「付近の農家の有様を見て、そぞろ故郷を想はせ、父母にも想ひを走らせたり」(43年4月25日)

次第に天皇への衷心が多くなってきます。

「我も何時かは、白木の箱にて帰らんと胸に感ずる所ありぬ」(同8月20日付)

治和さんが「父母、ふるさとを思い迷い、自分に言い聞かせ、むち打つような心情が出ている」と思える箇所があります。

「結局は、死に趣《おもむ》くより外になし。吾は世の為、己の為に、死する為に生れて来たるより外に

なし。家の事も考ふれば、雑念も又浮びて、実に心苦く感ずるなり……すべて身命を捧ぐるを喜びとす」（44年5月19日付）

■狂気の時代濃厚に映し出し、戦死の様子知る

膨大な『戦史叢書』（防衛庁防衛研修所戦史室編）で搭乗した爆撃機や作戦の内容を、大阪市立図書館に唯一残っていた資料から利男さんら全搭乗員の名前を確認。「生死不明」「沖縄方面」とだけ書かれた戦死公報（１９４５年5月30日付）を受け取ってから70年を経て、戦死の具体的な様子を明らかにしました。

「上官に提出することを前提に書かれましたが、狂気ともいえる戦争の時代が濃厚に映し出されている」と治和さん。「少年兵は形こそ志願兵ですが、社会も学校もメディアも、家庭すらもが少年たちを戦争に駆り立てたのではないか。利男だけではなく、すべての少年たちが同じように考え感じて行動したことでしょう。国家的な洗脳です」

書名は、利男の母の短歌「散華せし　子はいつ迄も　わが胸に　花もひらかぬ　十八のまま」から。

（２０１７年1月16日付　青野　圭）

（2）国家的洗脳で軍国少年に——予科練最後の入隊、矢野武《たけし》さんが語る

京都府舞鶴市在住の矢野武さん（86）＝中学や高校で理科の教師を歴任＝も『花もひらかぬ一八のまま』を手にした一人。予科練（海軍飛行予科練習生）最後の16期生（甲種）として１９４５年４月に入隊。当時15歳。思いを聞きました。

「日付順に日誌を読むと、少年が段階を踏んで帝国陸軍の兵隊になっていった様子が分かります」

矢野さんが日誌をたどります。水戸陸軍航空通信学校を卒業する直前の日誌には「すべて身命を捧ぐるを喜びとす」「花々しく国家の御役に立つ覚悟なり」などと忠誠心がみなぎる記述。両親に送った最後の手紙は「大君に奉げた此の身……今こそ大和男子として花を咲かせる時です」とあります。「まるで遺書です。胸がつまりました」と矢野さん。

■恐るべき内務班

同書は通信学校出身者が戦後に記した手記も次のように紹介しています。

「恐るべき内務班の〝シゴキ〟ときたら、それこそ厳しいなんてものではなかった……平手の

ビンタ、時には革のスリッパ、竹刀等あらゆる物を使う」

予科練も同様だったと矢野さんはいいます。「海軍の場合は〝軍人精神注入棒〟（バットのような棒）でした」。夜、巡検（消灯前の点検）の後に上官から「総員整列」の号令がかかると覚悟したといいます。「『前支え』の声で前傾姿勢をとると、力いっぱい尻をたたかれた。倒れた者もいました」

人間として扱われませんでした。「〝一銭五厘の命〟としてたたかれた。その結果、人としての気持ちがなえ、帝国軍人ができあがる軍隊の恐ろしいシステムです」

矢野武さん

■戦意高揚あおる

当時の若者たちは、なぜ、少年兵に憧れたのか。矢野さんは、学校や家庭を含む社会全体が戦争に駆り立てたといいます。大阪の北摂《ほくせつ》地方では有名校だった茨木中学に在学中のこと。生徒が集合する朝礼で、海軍兵学校や陸軍士官学校に進学した卒業生が朝礼台から「おまえたち、あとに続け」と檄を飛ばしました。配属将校は「帝国陸海軍はおまえたちを頼りにしておるぞ」と。矢野さんらは血わき肉躍る思いで聞きました。少年向け雑誌やニュース映画も戦意高揚をあおりました。

入隊から3カ月後の45年6月、予科練ら少年兵養成の学校は「再編」されます。矢野さんら4

月入隊の「16期前期組」は茨城・土浦の第十航空艦隊司令部に移動。一方、「後期組」は徳島に配属となり、徴用した船で紀淡《きたん》海峡を航行中に、米軍機の機銃掃射で多くが亡くなったといいます。そして8月15日。司令部前の広場に整列して、敗戦を伝える天皇の声をラジオで聞きました。しかし、その後も復員は許されず、モヤモヤが募り、鬱憤《うっぷん》晴らしに司令部前でひそかに野ぐそをたれます。

「八・一五終わったのに／司令所の立哨／暗い、眠い、／えッ　えーいッ。／野ぐその犯人は私です」（矢野さんの五行歌）

衛兵勤務のかたわら、「SNP」と書かれた腕章を着け、占領軍のMP（憲兵）の後について土浦駅の見回りまでさせられたこともありました。

■戦争に怒り感じ

戦争に対して疑問や怒りを感じるようになったのは10月になってから。京都・西舞鶴駅で大陸からの引き揚げ者を見た時でした。顔は真っ黒、女性はざんばら髪、おびえて固まる子どもたち。「ああっ、こんなにひどかったんだ。何が〝神州不滅〟か」

矢野さんはいいます。「この本には、戦争になる前の人の気持ちの移り変わりがよく表れています。国家的洗脳で軍国少年にしたてられた一人として、今の若者には、とくに秘密保護法や戦争法、共謀罪のことを考えてほしい」

（２０１７年2月17日付　青野　圭）

Ⅲ部　党に生き、平和に生き

一　黙っていれば戦争は迫ってくる

元陸軍参謀本部動員学徒（暗号解読）
東京都新宿区喜久井町・馬場下支部　武藤徹《とおる》さん

東京都新宿区の武藤徹さん（92）＝喜久井町・馬場下支部＝は戦争中、東大数学科の学生として陸軍参謀本部に動員され、米軍の暗号の解読に従事しました。戦後は日本共産党員の高校教師として、憲法と教育基本法に基づく教育実践の先頭に立ちました。いま、その経験と平和への思いを語ります。

大学卒業を控えた1947年のことです。小学6年のとき、貧しい家の子が学校で差別される姿を見たことから「どんな子にも平等に接する教師になろう」と決意し、高校の数学教師となることとなった私は、その年に施行された教育基本法に、教育の目的として「人格の完成」と書かれていることに感激しました。

国のために死ぬことを教える教育が完全に過去のものとなり、平和と民主主義を基調とする教育が始まったのです。「これだ！」と声をあげた私は、その全文を印刷し、当時、時間講師をしていた私立中学で先輩教師たちに配りました。年配の女性教頭が協力してくれ、共感してくれる教師もいて励まされました。

■沖縄や原爆の実態にふれる

黙っていれば、戦争は徐々に身近に迫ってくる——私の実感です。

私は25年に神戸で生まれました。両親ともにカトリック信者で、日曜日にはミサに連れられて行きました。小学生から高校生にかけての時期に戦争が激化し、私の周囲も変わっていきます。小学生のとき、それまでは教会でしてもよかった夏休みのラジオ体操が、神社でするよう義務づけられました。

中学校では日曜日も軍事教練があり、ミサに行けなくなりました。神父は「日本もナチス・ドイツのようになりましたね」と嘆きました。生徒は「勤労報国隊」に組織され、「朝鮮人が独立を求めて暴動を起こした」という設定の治安訓練にも動員されました。

戦局が悪化し、43年には私が入った旧制大阪高校からも20人が学徒出陣します。私の所属した卓球部の先輩は「忘れないでくれよ」と、サインしたピンポン玉をくれ、「いずれ自分も行きます」と答えました。

そして東大1年生だった45年3月10日、東京大空襲にあいます。

東大赤門にも火の手が迫り、私は必死で井戸のポンプを動

武藤徹さん

旧制大阪高校時代の武藤さん（右端）。
右に写るのは奉安殿（1942年撮影）

かしました。なんとか鎮火したものの、大火事の地域から炎が飛んできて降り注ぐさまは忘れられません。

この後、参謀本部は米軍の暗号の解読を強化するため、東大数学科の学生20人を動員し、私はその一人になります。

暗号文はローマ字26字のランダムな羅列に見えますが、たとえば「e」の英文中の使用頻度は通常11%程度ですから、11%ほど使われている文字の意味は「e」だと推測できます。戦況報告などは、かなり解読できました。参謀本部で沖縄戦や原爆投下の情報に触れ「次は、どこがやられるんだ?」と背筋が冷たくなりました。

終戦後、東大数学科の主任教授は「昭和の初めごろから軍のやることはおかしいと思っていたが、とうとう、こうなった」と嘆息しました。戦争に反対するには、言論の自由を守りぬかなくてはならない——この戦争の教訓だと思いました。

共産党に入ったのは、教師となり7年目です。

■200人の知人に党綱領を送る

赴任した新宿区の都立戸山高校や、加入した都高等学校教職員組合（都高教）には戦後の新教育への熱意があふれており、その中心にいたのが党員教師たちでした。同僚の国語教師は戦前、「赤旗《せっき》」を配っていたことが自慢の人物で、戸山高の教育方針案を憲法に基づいて起草しました。

党員教師たちと教育実践に取り組むなかで、私は運動で社会を変える立場になっていきました。

この頃、朝鮮戦争が激化し、戸山高では近接する米軍戸山ケ原射撃場（旧陸軍射撃場）への反対運動が起こります。機関砲訓練で、授業が中断するほどの騒音が生じたのです。私たちは行政へ陳情を繰り返しました。

このとき、生徒会も声をあげたのは感動的でした。学園祭で米軍基地の実態を展示したり、OBの新聞記者に騒音被害を報じてもらったりするなどして射撃場撤去を訴えたのです。教師は何も口出しせず、ただ話し合う時間を保障しました。

射撃場は55年に返還されます。この運動では、教師と生徒は連帯する仲間になっていました。

定年まで戸山高で教壇に立ち、都高教役員や党の教職員支部長を務めました。その間、安保闘争や全共闘とのたたかいなど、さまざまな運動に生徒自身が取り組み、それらのなかで民青同盟や党も大きくなりました。

いまも早稲田九条の会の世話人代表をしています。この会では貴重な出会いがありました。

私は参謀本部にいたある日、暗号研究の第一人者である陸軍少佐から、大山事件（※）は海軍による謀略だと聞きました。２００８年、同会でこの話をすると、共産党の長谷川順一元新宿区議が驚き、歴史学者の笠原十九司《かさはらとくし》・都留文科大名誉教授と引き合わせてくれました。同氏の研究で、この話は真実だと明らかになりました。

共産党員として生きてきたことは誇りです。

今回の総選挙で、安倍政権による改憲に反対する勢力が伸びたことは大きな成果です。安倍政権は日本を戦争する国にしようとしていますが、平和憲法と共産党が国民に根づいていることは戦前との大きな違いです。

今年、私は知人200人に共産党綱領を送りました。「初めて見た」「勉強になった」などの声が返ってきています。憲法を守り、共産党を大きくするため、命ある限り尽力したいと思います。

※大山事件＝1937年8月、中国・上海にある中国軍の飛行場近くで、大山勇夫海軍中尉が中国軍に射殺された事件。日本側は、中国による挑発行為だと非難し、中国への攻撃を強める口実としました。

（2017年12月2日付　青柳克郎）

二 「死」から「生」の人生に切り替えて

元海軍「回天」特別攻撃隊員
東京都世田谷区上北沢支部　田中直俊《なおとし》さん

東京都世田谷区の上北沢支部で活動する田中直俊さん（90）は72年前、海軍の「回天」（※1）特別攻撃隊員として終戦を迎えました。戦後は日本共産党員として農民の権利擁護などに尽力。その体験と、平和への思いを聞きました。

田中直俊さん

終戦間際――本土決戦が叫ばれていた頃です。私は大分県の海軍大神《おおが》基地で、「回天」部隊の一つ「大神突撃隊」の隊員として出撃命令を待っていました。私と同じ居室の6人のうち、すでに4人は出撃し、「次は自分だ」と覚悟していました。

「回天」は、敵艦に命中すれば1基で何百人を倒せる兵器です。志願して搭乗員となった私は、この兵器で出撃することを最高の名誉に思っていました。

死ぬことを、私なりに受け入れていました。生家が寺だっ

予科練時代の田中さん。1944年頃撮影

た影響でしょうか。死後は極楽と地獄があるが、自分は国のために死ぬのだから極楽に行く、だから死ぬのは恐ろしくない、と自分に言い聞かせていました。

それだけに、終戦時の思いは複雑でした。出撃できなかった無念と、心の底の、ほっとした思いが交錯していました。

玉音放送の後、基地内で銃声が聞こえました。何人かの隊員が「回天」の前で銃口を頭に当て、自殺していました。

私は、自分の人生の目的を死ぬことから生きることに切り替えながら、故郷に帰りました。18歳の夏でした。

※1　回天＝魚雷を改造し、人間が操縦して敵艦に体当たりする兵器。出撃や、訓練中の事故で約100人が命を落としました。

■搭乗員に志願——「回天」の訓練

私は1926年、有明海に面した佐賀県白石町で生まれました。7人きょうだいの4男でした。

日本軍の上海攻撃で爆弾を抱えて敵陣に飛び込んだ「爆弾三勇士」の一人が佐賀県出身で、郷土の誇りとされていたこともあり、大きくなったら軍隊に入るのが当然と思っていました。16歳で予科練（※2）を志願し、三重海軍航空隊奈良分遣隊に入隊しました。

戦局が日増しに悪化した時期です。練習生の間で飛行機による特攻が噂になっていた44年夏、三重海軍航空隊司令が奈良を訪れ、訓練生約1万人を前に話しました。

「戦局を挽回するため、海軍は新兵器を開発した。この兵器は挺身肉薄、一撃必殺を期するもので、特に危険を伴う。これより搭乗員100名を選抜する。希望者は名前の上に丸をつけよ」

この頃は航空隊といっても、まともな飛行機は、ほとんど残っていません。ならば新兵器のほうが良いと、私は二重丸を書きました。

同年暮れだったと思います。新兵器の訓練基地のあった山口県徳山市（現周南市）の大津島に上陸した私たちの前に、1基の魚雷が横たわっていました。それが、上官が「お前たちは幸せだ。1億円もする棺桶に入れるのだからな」（※3）という「回天」でした。

それからは、死と隣り合わせの日々です。

「回天」は潜望鏡で敵艦の速度と方位角を観測し、自分の進路と速度を決めたら完全に潜水して突進します。その間は外が見えません。海底に突き刺さって酸欠で死亡するなど、訓練中の犠牲者が続出しました。

優秀な隊員から「出撃搭乗員」に選抜され、「回天」を載せた潜水艦で作戦海域へ向かいます。選抜されないと本気で残念に思いました。訓練で同期生が命を落としても「もったいない」と思うだけで、悲しむ気持ちはありませんでした。

※2 予科練＝海軍飛行予科練習生の略称。10代後半の若者を航空兵として養成しました。

※3 当時の空母の建造費が1億円ほどで、田中さんは「大げさに言ったのでしょう」と話します。

■反戦の党知り価値観が一変

終戦後、生家の寺に戻った私は僧侶の仕事を手伝います。そんな折、町内で歯科医院を開業していた12歳上の兄から、思わぬ話を聞きました。

「今回の戦争は、日本の軍国主義が起こした侵略戦争だ。これに反対したのが日本共産党だ」衝撃でした。国のために死ぬことが正しいと信じていたのに、その戦争が不正義だったとは！価値観が一変しました。

兄は戦前、東京の歯科学校で学び、社会主義研究会に入っていたそうです。私は兄から「労働者が主役の社会を目指すのが共産党だ」と聞き、感動しました。海軍時代の貯金を全額、党本部にカンパし、党の勧めで日本青年共産同盟（民主青年同盟の前身）に加盟し、党に入りました。

食料不足で、米の供出の強制に農家が苦しんでいた時代です。私は僧侶としての説教で、供出に応じる必要はないと話して回り、町の農業委員にもなりました。兄は党員としてたたかい、後に党の町議となりました。

仏教を深く学ぶために59年、東京・世田谷区の駒沢大学に入り、以後、当地で活動してきました。勉強の傍ら、毎日、党本部から「赤旗」を運びました。妻の実家の家業だった影響で水道工事店を始め、忙しく働きました。

党の地域支部長を長く務め、いまも自分にできることとして週２日「赤旗」を配達しています。

安倍首相は「戦争法」をつくり、自衛隊を海外の戦争に出そうとしています。今回の総選挙で「勝利」したとして、憲法９条改悪の動きも強めるでしょう。これらは許せません。人間は自分の幸せと、世の中を良くするために働くのが一番で、戦争で死ぬほど、むごいことはありません。

靖国神社の「遊就館」には、戦死した「回天」隊員の写真が展示されています。その中の何人かは、私と一緒に寝起きしていた隊員です。「回天」の悲劇を繰り返させないためにも、私は平和を訴えたいと思います。

（２０１７年10月26日付　青柳克郎）

三　特攻隊員の涙、戦争の残酷さ痛感

元海軍整備兵　東京都杉並区高円寺北支部　梶原志計雄《しげお》さん

「平和でこそ、商売繁盛。平和でこそ、庶民は幸せになれます」――東京都杉並区の高円寺北支部で活動する梶原志計雄さん（90）の実感です。戦争中は海軍で特攻機の出撃を見送り、戦後は貸本店を営みながら業者運動に尽力しました。その半生と、平和への思いを聞きました。

それは軍国少年だった私にとって、背中に冷や水を浴びせられたような衝撃でした。

その兵士は、当時17歳の整備兵だった私より、いくつか年上の特攻隊員です。彼は出撃時、航空隊司令から受け取った別れの茶碗酒を自分の顔に浴びせ、白い布で覆われた机に茶碗をたたきつけました。そして司令に敬礼もせず、飛行機に向かって、整列する私たち整備兵の前を走り抜けました。その目には、確かに涙が光っていました。

「ああ、この人は、これから死ぬんだ」。エンジンの爆音を聞きながら、私は初めて「死」を身近に感じました。彼が乗った飛行機は、「赤とんぼ」と呼ばれていた練習用の複葉機から教官用の座席を撤去し、爆弾を１００キログラム搭載したものです。それで沖縄方面に向かったと聞きました。

1945年3月から5月まで、広島県の福山海軍航空隊にいたころの話です。私は戦地には行きませんでしたが、特攻隊員を2人見送り、戦争の残酷さを痛感しました。

■キノコ雲の下11人便り来ず

私は1927年、岡山県鉾立《ほこたて》村（現玉野市）に生まれ、国民学校を卒業した42年、広島県呉市の第11海軍航空廠工員養成所に入りました。2年間訓練を受け、300人中5番目の成績で卒業した後、広島県大竹市の大竹海兵団を経て福山航空隊に配属されました。

航空廠ではゼロ戦のエンジンの製造工程の改善案を出して表彰されたこともあります。それでも航空隊では「たるんでいる」と、よく上官に殴られました。

人間、殴られると思考力が無くなり、「今日一日、どうすれば殴られないか」としか考えなくなります。それでも、僕ら整備兵は、まだましでした。特攻隊員はもっと、もっと殴られていました。

福山航空隊も飛行機が尽き、45年5月に呉に戻りました。航空廠も空襲で壊滅状態でしたが、特攻機を造るために全国からゼロ戦の部品を集める班があり、そこで私は各地の工場を回りました。

梶原志計雄さん

8月6日朝、航空廠の建物内で強烈な光と圧力を感じ、キノコ雲を目にしました。「特殊爆弾が広島市に投下」ということで応急隊が組織され、私を含めた21人が2台のトラックで広島市に向かうことになりました。

ところが、私の乗ったものは故障で動けず、もう一台の11人だけが広島市に着きました。戦後、このときの仲間に年賀状を送ると、私と同じトラックの9人からは返事が来ましたが、もう一台の11人からは一通も来ませんでした。後に、だれも正月を迎えられなかったと聞きました。

軍隊から解放された私は郷里・鉾立村に帰りました。この頃に労働運動や農民運動、そして日本共産党と出合います。

当初、三菱重工の下請けで鉄道のブレーキを作る会社で働きました。労働条件は劣悪でした。労働運動が爆発的に広がった時代です。私は会社につくられた労働組合に入り、47年に執行委員になりました。委員長は共産党員でした。当時、大闘争をしていた、広島県の三菱重工三原製作所の労組とも交流し、そこでたたかう共産党員にも触れて「労働者の味方は共産党だ」と確信し、入党しました。

その後、三菱重工は会社に「労組の執行委員を解雇しないと仕事を回さない」と圧力をかけ、私たち執行委員は48年に退職を決断します。その頃、鉾立村の農民運動に出合いました。「池田の殿様（旧岡山藩の藩主）よりもひどい年貢が来た」と言われた重税とのたたかい（※）です。

私は村の青年団長で、壁新聞を次つぎと作って村中に張り出し、党員の仲間とともに、農民の苦しみに無関心な村長や村議に対策を要求しました。村に「納税民主化同盟」がつくられ、40

0人が加盟しました。同盟員の村長を誕生させ、50年の参院選では共産党の板野勝次候補が村で3割の票を得ました。これらの結果、税務署から大幅な減額を勝ち取りました。

※国は戦後のインフレ期、税収を確保するために農・漁民や中小業者に過大な税金を課し、全国で重税反対のたたかいが起きました。

東京で開いた貸本店の前で、妻・房子さん（右）と＝1954年ごろ

■民主商工会で活動半世紀に

親戚が営んでいた影響で、54年に東京で貸本店を開きました。御茶ノ水周辺の大学に通う学生が多い杉並区の中央線沿線で、70年代には全国の貸本店のなかで一番の売り上げを記録しました。店は古本店に業種替えして、いまも続けています。

杉並民主商工会で活動して半世紀以上になります。90年代には会長も務めました。多忙な中でも、党員として80歳過ぎまで「赤旗」を配達しました。99年には区長候補にもなりました。

共産党員として生きてきた道は間違っていなかった、と信じています。今回の都議選中、店に来た男性に日曜版を購読してもらいました。その方は友人とともに入党し、私もうれしいです。
安倍政権は戦争法をつくり、憲法改悪を狙っています。歴史的に戦費調達を担ってきた消費税の増税もたくらんでいます。戦争と商売を知る者として、断固ノーといいたい。命ある限り、声をあげたいと思います。

（2017年9月9日付　青柳克郎）

四　中国を歩き知った戦争のむごさ

元関東軍女子通信隊員　東京都八王子市めじろ台支部　池田教《きょう》さん

東京・八王子市の、めじろ台支部で活動する池田教さん（88）は72年前、関東軍（中国東北部に駐留していた日本軍）の女子通信隊員として敗戦を迎え、その後は八路軍（中国共産党軍）の衛生要員として中国各地を回りました。帰国後は日本共産党員として住民運動などに尽力してきました。その体験と、平和への思いを聞きました。

私は1929年、中国の、当時は日本の租借地だった大連の北にある瓦房店という小都市で生まれました。大連には関東軍司令部が置かれていました。父は外務省職員として中国に赴任し、40歳前後で退職した後は果樹園を経営するなど裕福な家庭でした。

44年のことです。旅順高等女学校の4年生だった私は、学徒動員で旅順工科大学に行きました。金属の摩耗を測定する部の研究助手でした。

ある日、研究室のみんなで昼食をとっていると、若い男性研究者たちが「日本は、なぜ負けるとわかっていてアメリカと戦争を始めたのだろう」と話し出しました。

私は驚きました。戦争に反対する人間がいたら、報告しなければいけません。けれど、彼らは

池田教さん

私にとても親切にしてくれる人たちでした。私は数日間悩み抜き、黙っていることに決めました。

もしも報告していたら、私はいまも苦しんでいたと思います。密告を奨励する社会というのは恐ろしいのです。

■不都合な資料、敗戦時に焼却

その年の12月、関東軍が大連に「女子征空通信隊」をつくり、私は学校の勧めで、8人の学友とともに入りました。そこでモールス信号などの特訓を受け、軍属として実務につきました。

45年8月9日にソ連が侵攻してきたときの緊張感は忘れられません。ソ連国境沿いの監視塔から「ソ連機侵入」という報告が次々に入り、やがてパタリとやみました。

終戦の玉音放送は大連で、関東軍の将兵が整列するなか聞きました。

女子通信隊は当直者を残して宿舎待機を命じられました。これは、その当直者から聞いた話ですが、玉音放送の後、兵士が総出動で中庭に巨大な穴を掘り、膨大な資料を投げ入れて朝まで燃やしたそうです。日本軍に不利になるものは徹底して処分したのです。

敗戦後、瓦房店の親元に戻ると、八路軍から、日本人会を通じて衛生要員を出すよう要請がありました。会長だった父の立場を考え、私は「自分が行く」と決めました。内地から当地の工場に出稼ぎに来ていた若い女性がたくさん、同じ時期に八路軍に入りました。

八路軍では中国全域を回り、看護の仕事をしました。そのなかで、将来の夫となる、医師の池田敏雄と知り合いました。彼は後に民医連の八王子共立診療所の理事長になりました。

中国各地を回るなかで、日本軍の犯した行為を知ることになります。

長江の南の、ある町に入ったときです。八路軍から「この地域は細菌戦の被害を受けたところだ、絶対に日本語を使うな」と指示されました。

私は事実を知る責任があると思い、町で、初老の男性に中国語で「ここで細菌戦があったのですか」と尋ねました。すると血相を変えて「それは、この町ではない」と言うのです。男性は事実を知っているからこそ、風評被害などを恐れて被害を否定したのだと思います。安易に聞いた自分を責めました。

帰国は58年です。最後の4年間は学校で学びました。この頃、私と夫は日本から「アカハタ」を取り寄せており、無差別・平等の医療と福祉の実現をめざす民医連の存在を知って「帰国したら、ここで働こう」と話していました。

■自国の歴史と向き合うこと

帰国後、まもなく入党しました。平和や女性・子育て分野を中心に、いろんな運動に関わってきました。

東京・東村山市の都営住宅に住んでいた66年、初めて住民運動に関わりました。市内で集団赤痢が発生したのです。若い母親たちと女性団体を立ち上げ、下水道工事の不備をつきとめました。共産党の後藤マン都議と連携し、市長とも交渉して、全面改修と賠償を勝ち取りました。この時に力を合わせた若い母親たちが、新日本婦人の会の支部結成に向けた力になりました。

67年、共産党と社会党の共同で、美濃部亮吉・革新都知事が誕生したときの感動も忘れられません。それまで、共産党のビラは目の前で破り捨てられることもありましたが、「伏魔殿」といわれた都政の腐敗に都民の怒りが沸騰し、街全体が革新都政への期待で高揚していました。この勝利で、統一戦線の大事さを知りました。

いまは八王子で、体調と相談しながら支部活動に加わっています。日本中国友好協会や治安維持法国賠同盟でも活動しています。

安倍首相は中国や北朝鮮の脅威を叫んで戦争法をつくり、憲法改悪を狙っています。しかし、かつて日本も世界を敵に回していたのです。自国の歴史と真剣に向き合わなくては、他国を批判しても説得力がありません。

反戦・平和を貫き、国民の苦難軽減のためにたたかってきた日本共産党の一員として60年近く過ごしてきたことは私の誇りです。残りの人生、ささやかながら、平和な世の中をつくる力になりたいと思います。

（２０１７年8月23日付　青柳克郎）

五　軍国少年、いま語り部の日々

元満蒙開拓青少年義勇軍隊員
大阪府富田林市富田林中支部　藤後博巳《とうごひろみ》さん

大阪府富田林市の富田林中支部で活動する藤後博巳さん（88）は戦中、「天皇陛下のために」と使命感に燃え、満蒙開拓青少年義勇軍（※）の一員として旧「満州」（中国東北部）に渡りました。敗戦後は八路軍（中国共産党軍）に従軍しました。いま、戦争を知る者として「語り部」の活動をしています。中国での体験と平和への思いを聞きました。

1944年3月、大阪出身者199人で構成する郷土中隊の一員として旧「満州」に渡った私は、終戦の玉音放送を、中隊から4人だけ送られていたハルビンの幹部訓練所で聞きました。当時16歳の私は、ぼうぜんとし、今後への不安に襲われました。

このときから、私は戦争の残酷さを味わうことになります。

※満蒙開拓青少年義勇軍＝数え年で16～19歳の男子を募集し、旧「満州」で「開拓」や軍事の任務にあたらせました。1938年から終戦までに約8万7000人が旧「満州」に送られました。

藤後博巳さん

■道端に並んだ幼い子の遺体

ソ連兵に銃を向けられながら、ハルビンの約３００キロメートル東にある牡丹江《ぼたんこう》の捕虜収容所へ連行される途上、山中の道端に、幼い３人の子どもの遺体が並べられているのを目にしました。うち１人は、おかっぱ頭の女の子で、土色の死に顔は忘れられません。どうせ死ぬなら親の手で……と殺されたのでしょうか。近くの小川には腐乱した日本兵の遺体がありました。

その惨状に、軍国少年だった私も、戦争の虚しさを痛感しました。また、ソ連軍の侵攻と同時に開拓民を見捨てて撤退した関東軍（旧「満州」に駐留していた日本軍）への憤りでいっぱいでした。

牡丹江で、私が所属している中隊の本隊に出合いました。ソ連との国境方面から避難してきて、戦闘や飢え、病気で50人が死んでいました。

現地の農民に殺された隊員もいました。「満蒙開拓」の実態は、中国人の農地を極端な安価で買収するなどの収奪が中心で、日本人は恨まれていたのです。

私たち隊員は、まだ子どもだということで、シベリアの収容所に入ることは免れました。しかし教官は、そうはいきませんでした。後に日本共産党の大阪府議となる久田《ひさだ》小太郎氏は、私の軍事教練の教官で、シベリアに送られた一人です。

捕虜収容所を釈放された私が、ハルビンの旧幹部訓練所に戻ると、そこは日本人難民の収容所と化していました。

延べ2万人が収容され、飢餓や寒さ、チフスなどで、1年間で4000人が死亡したといわれています。私は街で仕事を求め、中国人夫妻が経営する料理店に住み込んで働きました。

敗戦から1年後、八路軍の要請で、私は半強制的に八路軍に衛生兵として入隊しました。そこで、義勇軍では「共匪」（共産主義の盗賊）と教えられていた八路軍の素顔に触れたのです。

生家の食堂の前で撮った記念写真。
前列右から2人目が藤後さん

八路軍は、人民に依拠した軍隊でした。ある日、私が農民の茶碗を壊してしまい、「たかが茶碗一つ」と思って放置していると、政治指導員から「大衆の物は針一本、糸一本とるな」という八路軍の規律を徹底的に教えられました。日本人兵士に対しても差別なく、「革命のために力を貸してほしい」と丁寧に説得されました。

1949年に中華人民共和国が樹立したときは、わが事のように喜びました。日本共産党の存在は新聞で知っており、「日本にも共産党があるんだ、帰国したら入党しよう」と決意していました。ただし、当時の日本政府の中国敵視政策のもと、帰国は１９５５年まで待たざるを得ませんでした。

「日中不再戦」が私の人生のテーマです。

帰国後まもなく入党しました。「社会主義国からの帰還者」といわれて就職に苦労しましたが、民医連に職を得ました。

■日中不再戦が人生のテーマ

党では長年、職場や地域で支部長や機関紙担当を務めました。これまでに増やした党員は30人ほどになるでしょうか。いまは富田林中支部で、時間を保障してもらって日中友好の活動をしています。日本中国友好協会での活動も62年になりました。

中国で１９６６年に「文化大革命」が起こり、「毛沢東派」が日本共産党に分裂策動を仕掛けてきたことは、最も悲しい出来事でした。私の周囲でも、先輩党員が分裂策動にのり、党を去った苦い経験があります。

いまの中国が、核兵器禁止条約や領土・領海をめぐる問題で大国主義的な態度をとっていることも残念です。

このような状況があるからこそ、草の根の交流が重要だと思います。

私は、うたごえ運動に携わり、この20年ほどの間、南京大虐殺を題材にした合唱組曲「紫金草《しきんそう》物語」など、日本軍の戦争犯罪を告発する合唱曲を中国各地で公演してきました。現地のテレビで取り上げられ、公演翌日、すれちがう人々から握手を求められたこともあります。

日本では、安倍政権が改憲を狙い、「戦争する国づくり」を進めています。戦前、政府は「満蒙は日本の生命線」と言い、国民を戦争に駆り立てました。あの時代を繰り返させてはいけない。

「語り部」として話をした相手は２０００人を超えました。命ある限り、平和の尊さを訴えたいと思います。

（２０１７年8月12日付　青柳克郎）

あとがき

本書のもとになった記事の執筆にあたったのは、30代をふくむ「しんぶん赤旗」記者で、いずれも戦後生まれの世代です。同世代や若い世代のみなさん、将来を担う世代にも、日本がおこなったアジアでの侵略戦争の実相を伝えたいという思いで取材してきました。

70年余前まで、日本が帝国主義国家として領土拡張の野望をもって、アジア諸国・諸民族に対し侵略戦争と植民地支配、軍政をおこなったこと、その結果、アジアで2000万人、日本人も310万人という膨大な犠牲者を生み、人々の日常の生活と人権を破壊したという事実は、私たち自身、深く知れば知るほど慄然《りつぜん》とした思いになりました。

また、学者・研究者、市民有志の方々が隠れた資料、証言を苦労しながら発掘し、歴史の事実を明らかにしてきました。その成果も本書で、了解を得て活用しています。

今日、数十年にわたる活動の積み重ねの結果、たとえば、大虐殺のあった南京市での日本と中国の市民の交流、日本軍が中国に遺棄した毒ガス兵器による被害の救済や日中の民間協力、マレーシア・シンガポールで日本軍による犠牲者の追悼ツアーを続けてきた日本人と現地市民社会との交流など、新たな協力・友好の輪が水紋のように広がっています。

Ⅲ部にある、戦争体験者が、戦前から反戦平和を貫く日本共産党の一員となって活動する姿も今回初めて紹介しました。

本書が、侵略戦争の反省に立ち、日本の市民とアジアの市民との交流拡大の一助になれば、大変うれしく思います。

なお文中で、中国と韓国・朝鮮の人名については「しんぶん赤旗」の表記に基本的にしたがい、常用漢字以外の文字を含む主な中国人名は読みをひらがなで入れ、韓国・朝鮮の人名は現地での読みをカタカナで入れました。人物の年齢は「赤旗」掲載時のままとしました。また複数の記者が執筆しているために、歴史記述などで一部重複していることもありますが、ご容赦ください。

収録した記事は、本吉真希、洞口昇幸（以上、日曜版）、青野圭、青柳克郎、阿部活士、釘丸晶、小林拓也、手島陽子、都光子、山沢猛、若林明（以上、日刊紙）の各記者がデスク、整理記者との共同作業によって執筆しました。また団体・個人の方から貴重な写真掲載の了解をいただきました。本書発行のためにご尽力いただいた新日本出版社の久野通広さんには心から感謝します。

戦前から侵略戦争と植民地支配に命がけで反対を貫いてきた日本共産党と「しんぶん赤旗」は、安倍晋三首相と自民党が狙う憲法9条改悪を許さない、そのためにあらゆる力を尽くすものです。本書が多くの方々に読まれることを願ってやみません。

表紙カバー写真
◎シンガポール市街を行進する日本軍（Imperial War museums）
◎元兵士や遺族から譲り受けた陣中日記（小野賢二氏所蔵）

戦争《せんそう》の真実《しんじつ》――証言《しょうげん》が示《しめ》す改憲勢力《かいけんせいりょく》の歴史《れきし》偽造《ぎぞう》

2018年 4月20日　初　版

編　者　赤旗編集局
発行者　田所　稔

郵便番号　151-0051　東京都渋谷区千駄ヶ谷 4-25-6
発行所　株式会社　新日本出版社
電話　03（3423）8402（営業）
03（3423）9323（編集）
info@shinnihon-net.co.jp
www.shinnihon-net.co.jp
振替番号　00130-0-13681

印刷・製本　光陽メディア

落丁・乱丁がありましたらおとりかえいたします。

ISBN978-4-406-06242-8 C0031　Printed in Japan